O Código Quântico do Espírito
Uma Jornada Entre Partículas e Percepção

Kai Lian

Título Original:
O Código Quântico do Espírito - Uma Jornada Entre Partículas e Percepção
Copyright © 2023, publicado por Luiz Antonio dos Santos ME.
Este livro é uma obra de não-ficção que explora práticas e conceitos no campo da espiritualidade quântica e da consciência. Através de uma abordagem interdisciplinar, o autor integra conhecimentos da física moderna e da sabedoria ancestral para propor uma visão unificada da realidade e do ser humano.
1ª Edição
Equipe de Produção
Autor: Kai Lian
Editor: Luiz Santos
Capa: Studios Booklas / Lara Véneus
Consultor: Theo Malbran
Pesquisadores: Inara Solenne / Davin Nohl / Marek Ilien
Diagramação: Sol Lysber

Publicação e Identificação
O Código Quântico do Espírito
Booklas, 2023
Categorias: Espiritualidade / Física Quântica
DDC: 130 – Parapsicologia e ocultismo
CDU: 133 – Ciências ocultas. Esoterismo
Todos os direitos reservados a:
Luiz Antonio dos Santos ME / Booklas
Nenhuma parte deste livro pode ser reproduzida, armazenada num sistema de recuperação ou transmitida por qualquer meio — eletrônico, mecânico, fotocópia, gravação ou outro — sem a autorização prévia e expressa do detentor dos direitos autorais.

Sumário

Índice Sistemático 5
Prólogo 11
Capítulo 1 Energia Universal 15
Capítulo 2 Natureza da Consciência 23
Capítulo 3 Natureza da Realidade 30
Capítulo 4 Matéria e Espírito 37
Capítulo 5 Revolução Quântica 44
Capítulo 6 Dualidade Onda-Partícula 50
Capítulo 7 Incerteza Quântica 56
Capítulo 8 O Observador 62
Capítulo 9 Colapso da Onda 69
Capítulo 10 Não-Localidade 75
Capítulo 11 Entrelaçamento Quântico 81
Capítulo 12 Unidade Cósmica 87
Capítulo 13 Campo Unificado 93
Capítulo 14 Campos Morfogenéticos 99
Capítulo 15 Consciência Coletiva 105
Capítulo 16 Mente Não Local 112
Capítulo 17 Além do Espaço-Tempo 119
Capítulo 18 Multidimensionalidade 125
Capítulo 19 Universo Holográfico 131
Capítulo 20 Consciência Quântica 138
Capítulo 21 Consciência além do Corpo 144
Capítulo 22 Poder da Intenção 151

Capítulo 23 Manifestação 158
Capítulo 24 Cura Quântica 164
Capítulo 25 Expansão da Consciência 170
Capítulo 26 Sincronicidade 177
Capítulo 27 Sabedoria Antiga 183
Capítulo 28 Convergência Atual 189
Capítulo 29 Aplicações Práticas 195
Capítulo 30 Evolução da Consciência 201
Capítulo 31 Propósito Cósmico 207
Capítulo 32 Despertar Quântico 213
Capítulo 33 Alma Quântica 219
Epílogo 225

Índice Sistemático

Capítulo 1: Energia Universal - Introduz o conceito fundamental de que tudo no universo é energia, conectando a física moderna ($E=mc^2$) com antigas visões espirituais (Prana, Chi).

Capítulo 2: Natureza da Consciência - Explora o mistério da consciência, comparando a visão científica (produto do cérebro) com perspectivas espirituais (essência fundamental) e o "problema difícil" da experiência subjetiva.

Capítulo 3: Natureza da Realidade - Questiona a objetividade da realidade percebida, abordando as limitações sensoriais, as implicações da física quântica e o conceito espiritual de Maya (ilusão).

Capítulo 4: Matéria e Espírito - Contrapõe o dualismo histórico matéria/espírito com a visão unificada da física moderna (matéria como energia) e da espiritualidade (matéria como espírito denso).

Capítulo 5: Revolução Quântica - Narra a transição da física clássica para a mecânica quântica, introduzindo seus conceitos fundamentais como quanta, probabilidade e o papel do observador.

Capítulo 6: Dualidade Onda-Partícula - Aborda o comportamento dual (onda e partícula) da matéria e energia em nível quântico, exemplificado pelo experimento da dupla fenda e pela complementaridade.

Capítulo 7: Incerteza Quântica - Apresenta o Princípio da Incerteza de Heisenberg, destacando o limite fundamental no conhecimento simultâneo de certas propriedades e a natureza probabilística da realidade.

Capítulo 8: O Observador - Analisa o papel ativo e crucial do observador na física quântica, que influencia o resultado dos experimentos, e introduz o conceito de um universo participativo.

Capítulo 9: Colapso da Onda - Explica a superposição quântica e o conceito do "colapso da função de onda" no momento da medição, ilustrado pelo paradoxo do Gato de Schrödinger.

Capítulo 10: Não-Localidade - Apresenta a não-localidade quântica, a conexão instantânea à distância ("ação fantasmagórica") entre partículas, desafiando a visão clássica do espaço.

Capítulo 11: Entrelaçamento Quântico - Detalha o fenômeno do entrelaçamento, onde partículas que interagiram formam um sistema único e mantêm uma conexão intrínseca e instantânea, independentemente da distância.

Capítulo 12: Unidade Cósmica - Argumenta sobre a unidade fundamental e a interconexão do universo, integrando insights quânticos (não-localidade, Big Bang), holismo e a sabedoria espiritual.

Capítulo 13: Campo Unificado - Explora a busca científica por um Campo Unificado ou Teoria de Tudo e seus paralelos com conceitos espirituais de uma matriz ou substrato cósmico energético e informacional.

Capítulo 14: Campos Morfogenéticos - Apresenta a teoria controversa dos campos morfogenéticos de Rupert Sheldrake como campos de informação que moldam a forma e o comportamento através da ressonância mórfica.

Capítulo 15: Consciência Coletiva - Explora a ideia de uma mente ou consciência compartilhada entre indivíduos, abordando o Inconsciente Coletivo de Jung, a Noosfera e pesquisas como o Projeto Consciência Global.

Capítulo 16: Mente Não Local - Investiga a possibilidade de a mente operar além dos limites do cérebro físico, abordando fenômenos psi como telepatia, visão remota e suas possíveis conexões quânticas.

Capítulo 17: Além do Espaço-Tempo - Questiona se a consciência pode transcender o tempo linear, discutindo precognição, a relatividade do tempo na física moderna e visões espirituais do Eterno Agora.

Capítulo 18: Multidimensionalidade - Explora a possibilidade teórica de dimensões espaciais extras ou universos paralelos (Teoria das Cordas, Muitos Mundos) e seus paralelos com cosmologias espirituais de múltiplos planos de existência.

Capítulo 19: Universo Holográfico - Apresenta a hipótese do Universo Holográfico, onde cada parte contém informação sobre o todo, conectando ideias da física (Bohm, Princípio Holográfico) e neurociência (Pribram) com a sabedoria espiritual.

Capítulo 20: Consciência Quântica - Aborda teorias que aplicam diretamente a física quântica para explicar a origem e o funcionamento da consciência, como Orch OR, panpsiquismo ou idealismo quântico.

Capítulo 21: Consciência além do Corpo - Investiga evidências e relatos sobre a possibilidade da consciência persistir após a morte física, analisando Experiências de Quase-Morte (EQMs) e pesquisas sobre memórias de vidas passadas (reencarnação).

Capítulo 22: Poder da Intenção - Explora se a intenção mental focada pode influenciar a realidade física e biológica, abordando pesquisas sobre psicocinese, o efeito placebo/nocebo e práticas espirituais como oração e visualização.

Capítulo 23: Manifestação - Discute o processo de trazer desejos para a realidade através da consciência, integrando conceitos como a Lei da Atração, psicologia (profecia autorrealizável) e perspectivas quânticas sobre co-criação.

Capítulo 24: Cura Quântica - Aborda a saúde e a cura sob uma perspectiva holística que integra mente, energia e consciência, discutindo o efeito placebo, remissões espontâneas e terapias energéticas.

Capítulo 25: Expansão da Consciência - Discute estados expandidos de consciência que transcendem o eu cotidiano e métodos para alcançá-los, como meditação, yoga, respiração, experiências místicas e seus benefícios.

Capítulo 26: Sincronicidade - Explica o conceito junguiano de sincronicidade, as coincidências significativas conectadas por significado e não por causalidade física, interpretadas como mensagens ou orientação.

Capítulo 27: Sabedoria Antiga - Destaca os surpreendentes paralelos entre os insights da física moderna e conceitos encontrados em antigas tradições de sabedoria espiritual sobre a unidade, energia e natureza da realidade.

Capítulo 28: Convergência Atual - Analisa o crescente diálogo e integração entre ciência e espiritualidade nos tempos atuais (abril de 2025), citando instituições, pesquisadores e a popularização de práticas contemplativas.

Capítulo 29: Aplicações Práticas - Oferece sugestões concretas para aplicar os conceitos quântico-espirituais na vida diária, como o uso da intenção, gestão da energia pessoal, empatia e autocuidado holístico.

Capítulo 30: Evolução da Consciência - Aborda a perspectiva da evolução da consciência humana, tanto individual quanto coletiva, através de estágios históricos e a visão espiritual da vida como uma jornada de aprendizado da alma.

Capítulo 31: Propósito Cósmico - Investiga a questão do significado e propósito do universo e da vida, abordando o ajuste fino cosmológico, o Princípio Antrópico e visões espirituais sobre a autodescoberta da Consciência.

Capítulo 32: Despertar Quântico - Discute o potencial despertar coletivo da consciência que pode estar ocorrendo nos tempos atuais (abril de 2025), catalisado pela convergência ciência-espiritualidade e o chamado à participação consciente.

Capítulo 33: Alma Quântica - Sintetiza o conceito central do livro, descrevendo nossa natureza integrada como seres energéticos, conscientes, participativos, interconectados e co-criadores da realidade.

Prólogo

Você está prestes a acessar uma jornada que não se contenta em apenas informar — ela transforma.

O que você tem em mãos não é um livro comum. É um portal. Um elo entre o visível e o invisível, entre o que você pensa ser e aquilo que realmente é. Aqui, não encontrará apenas páginas encadernadas, mas sim camadas de significado, pulsações de uma sabedoria que atravessa os séculos, reverbera nos campos quânticos da ciência moderna e ecoa no silêncio da alma desperta.

Se permita atravessar essa fronteira.

Vivemos tempos em que a realidade parece endurecida, em que a lógica cartesiana tenta aprisionar o infinito em fórmulas fixas. Mas há um chamado silencioso — profundo, íntimo — que emana daquilo que pulsa além da matéria, além da mente racional. Um chamado que desperta apenas em corações atentos, mentes curiosas e espíritos sedentos por verdade. Esse chamado não vem de fora. Ele nasce dentro de você. E é exatamente por isso que este livro encontrou suas mãos.

Tudo é energia. Tudo vibra. Tudo está conectado.

Essas não são afirmações poéticas, mas constatações ancoradas tanto nos princípios da física quântica quanto nos ensinamentos ancestrais das grandes tradições espirituais. Aqui, o autor não especula

— ele revela. Ele não propõe uma crença, mas convida à experiência direta. A experiência de perceber-se não como um ser fragmentado, mas como parte ativa de um campo de consciência que interpenetra toda a realidade.

Você sente que há algo mais. Sempre sentiu.

A inquietação silenciosa diante da superficialidade cotidiana, a intuição de que os acontecimentos não são aleatórios, a impressão de que sua mente influencia a matéria — tudo isso não é ilusão. É o prelúdio de um despertar. A leitura que começa agora é uma confirmação poderosa de que sua intuição estava certa o tempo todo.

Ao folhear estas páginas, você descobrirá que não está separado do universo — você é o universo experimentando a si mesmo em forma humana. A energia que move as galáxias é a mesma que vibra em seus pensamentos, emoções, respiração. A consciência que observa é a mesma que cria. Não há barreiras entre o micro e o macro. Não há fronteiras entre ciência e espiritualidade. Há unidade. Há coerência. Há sentido.

Este livro conecta pontos que, por muito tempo, foram mantidos distantes:

– Física quântica e meditação.
– Campos de energia e estados de consciência.
– Dualidade onda-partícula e a alma humana.
– O observador científico e o observador interior.

Essa fusão não é forçada. É natural. É inevitável. E, ao reconhecê-la, você perceberá que a realidade é muito mais maleável, viva e interativa do que jamais lhe ensinaram.

Sim, sua mente influencia o mundo.

Sim, suas emoções criam vibrações que moldam eventos.

Sim, você é um co-criador da realidade.

Este não é um convite à fuga do mundo real, mas ao mergulho mais profundo nele. À verdadeira participação. À presença consciente. A obra que você está prestes a explorar é uma síntese rara entre clareza científica e profundidade espiritual. Não há dogmas aqui. Há revelações. Não há promessas vazias. Há mapas, instrumentos, direções. Cada capítulo é um degrau — ou melhor, uma frequência — que ressoa com sua própria evolução.

Você sentirá isso.

Não apenas entenderá com o intelecto, mas com todo o seu ser. Como quando uma música toca algo que nenhuma explicação alcança. Como quando um olhar desperta lembranças que não são desta vida. A leitura será menos um processo e mais um reconhecimento. Um lembrar de quem você é, do que sempre foi e do que ainda pode se tornar.

Você será desafiado, sim. Porque o que está sendo oferecido aqui é liberdade. E liberdade exige coragem. A coragem de questionar. De se observar. De se reconstruir. A coragem de abandonar certezas para acessar uma verdade maior.

Este livro é para os que pressentem que a realidade é mais do que aparenta.

Para os que sentem que a ciência não precisa negar o espírito.

Para os que sabem, no fundo, que a alma pulsa em frequência quântica.

Para você.

Ao entrar neste espaço vibracional de conhecimento, você não estará apenas lendo — estará sendo lido. Cada parágrafo ecoará em níveis do seu ser que você talvez nem saiba nomear. E, ao final, você não será mais o mesmo.

Aceite este convite não com os olhos da razão, mas com a inteireza do seu ser.

E lembre-se: o universo sempre responde à intenção.

A pergunta não é "Será que isso é real?".

A pergunta é: Você está pronto para lembrar?

Luiz Santos

Editor

Capítulo 1
Energia Universal

Imagine por um instante o universo em sua vastidão inimaginável. Galáxias giram em danças cósmicas que duram bilhões de anos, estrelas nascem e morrem em explosões de luz e poder, planetas orbitam sóis distantes, alguns talvez abrigando formas de vida que sequer concebemos. Pense agora em nosso próprio mundo: oceanos pulsantes, florestas vibrantes, montanhas imponentes esculpidas pelo tempo. Olhe para suas próprias mãos, sinta a pulsação em seu peito, a respiração entrando e saindo. Tudo isso, desde a maior das galáxias até a menor célula em seu corpo, compartilha uma verdade fundamental, uma essência comum que permeia cada fibra da existência. Tudo é energia. Esta afirmação pode soar simples, quase trivial, mas suas implicações são profundas, revolucionárias. Ela constitui a chave para desvendar não apenas os mistérios do cosmos, mas também os mistérios de nossa própria consciência, de nossa alma.

Nossa experiência cotidiana nos apresenta um mundo de objetos sólidos, separados uns dos outros. Sentimos a solidez da cadeira onde sentamos, a rigidez da mesa onde apoiamos os braços, a consistência do chão sob nossos pés. Percebemos a nós mesmos como entidades físicas distintas, limitadas pela nossa pele. Essa percepção, embora útil para nossa sobrevivência e interação diária, é, em um nível mais fundamental, uma ilusão sensorial. A ciência moderna, especialmente a física do século XX, nos revelou uma imagem radicalmente diferente da matéria. Quando investigamos o que compõe essa aparente solidez, encontramos átomos. Por muito tempo, imaginamos átomos como minúsculas esferas maciças, como bolas de bilhar microscópicas. Contudo, descobertas posteriores mostraram um quadro surpreendente. Um átomo é, na verdade, quase inteiramente espaço vazio. No centro reside um núcleo minúsculo, contendo prótons e nêutrons, e muito distante dele, elétrons orbitam em altíssima velocidade. Se ampliássemos um átomo ao tamanho de um estádio de futebol, o núcleo seria menor que um grão de areia no centro do campo, e os elétrons seriam partículas ainda menores girando nas arquibancadas mais altas. O resto? Vazio. Um vazio que corresponde a mais de 99.99% do volume total do átomo.

    Então, o que preenche esse vasto "vazio"? O que confere a ilusão de solidez ao mundo? A resposta reside em campos de energia. O espaço dentro e ao redor dos átomos não está verdadeiramente vazio; ele pulsa com campos de força eletromagnética e outros campos quânticos. São esses campos, interagindo uns com os outros, que criam a sensação de resistência, de toque, de substância. Os elétrons, por exemplo, não são apenas partículas, mas também manifestações de campos energéticos que se estendem pelo espaço. Sua rápida movimentação e as forças que exercem criam uma espécie de barreira energética que impede que um átomo atravesse outro facilmente. Quando você toca um objeto, seus elétrons estão repelindo os elétrons do objeto. Você não está tocando a "matéria" sólida no sentido clássico, mas sim interagindo com campos de força, com padrões vibratórios de energia. A solidez que percebemos é o resultado macroscópico dessas interações energéticas em escala microscópica. Portanto, a cadeira, a mesa, seu próprio corpo, tudo que parece denso e concreto, é na verdade um complexo arranjo de energia vibrando em diferentes frequências, condensada em padrões estáveis que nossos sentidos interpretam como matéria.

Essa compreensão foi catapultada para o centro do palco científico por Albert Einstein no início do século XX, com sua famosa equação $E=mc^2$. Embora frequentemente associada à energia nuclear, seu significado é muito mais universal e filosófico. A equação estabelece uma equivalência fundamental entre energia (E) e massa (m), conectadas pela velocidade da luz ao quadrado (c^2), uma constante cósmica de valor imenso. Isso significa que massa não é algo separado da energia; massa *é* uma forma de energia, energia altamente concentrada, congelada em forma de matéria. Inversamente, energia pode se converter em massa. Elas são duas faces da mesma moeda universal. Toda matéria no universo, desde a poeira estelar até seu corpo, é um reservatório colossal de energia primordial. Um pequeno grama de matéria contém uma quantidade de energia equivalente à liberada por uma grande explosão nuclear.

Essa intercambialidade não é apenas teórica; ela ocorre constantemente na natureza, como no interior das estrelas, onde massa é convertida em luz e calor, e em aceleradores de partículas, onde energia pura pode dar origem a partículas de matéria. A visão de Einstein dissolveu a antiga dicotomia entre o "material" e o "energético", revelando um universo onde tudo é, em sua raiz, energia dinâmica.

O fascinante é que essa visão revolucionária da ciência moderna encontra ecos profundos em tradições espirituais e filosóficas que floresceram milênios antes de Einstein e da física quântica. Culturas antigas, através da introspecção, meditação e observação sutil da natureza, parecem ter intuído essa verdade fundamental. No Hinduísmo, encontramos o conceito de *Prana*. Prana não é simplesmente a respiração, mas a força vital universal, a energia sutil que anima todos os seres vivos e preenche todo o cosmos. É a energia que flui através de canais sutis no corpo (nadis) e se concentra em centros energéticos (chakras), sendo essencial para a saúde física, mental e espiritual. Práticas como o Yoga e o Pranayama (controle da respiração) são projetadas para harmonizar e aumentar o fluxo de Prana no indivíduo, conectando-o à fonte cósmica dessa energia.

Na medicina tradicional chinesa e no Taoísmo, encontramos um conceito similar chamado *Chi* (ou Qi). Chi é a energia vital que flui através de tudo no universo. No corpo humano, ela circula por meridianos, e seu fluxo equilibrado é considerado essencial para a saúde. Práticas como Acupuntura, Tai Chi Chuan e Qigong visam justamente desbloquear e harmonizar o fluxo do Chi, promovendo bem-estar e longevidade. Para os taoistas, o próprio universo nasceu do *Wu Ji* (o vazio primordial, potencial puro) diferenciando-se em Yin e Yang, duas polaridades energéticas cuja interação dinâmica gera os "dez mil seres", ou seja, toda a manifestação. O Chi é a expressão dessa dinâmica energética fundamental.

Outras tradições falam de conceitos análogos: os egípcios falavam de *Ka*, os gregos de *Pneuma*, os kahunas havaianos de *Mana*. Muitas tradições indígenas das Américas falam do Grande Espírito ou de uma força vital que permeia montanhas, rios, plantas e animais. Em diversas correntes místicas ocidentais, encontramos a ideia de Luz Divina, Éter ou Espírito Universal como a substância primordial da criação. O que todas essas visões compartilham é a percepção de uma energia invisível, porém real e fundamental, que sustenta e anima o mundo físico. Elas descrevem uma realidade onde a matéria densa emerge de um substrato energético mais sutil, uma força vital que conecta todas as coisas. Deus, ou a Fonte Primordial, em muitas dessas visões, não é apenas um criador distante, mas a própria energia onipresente que constitui a essência de tudo que existe. "Deus é Luz", "Deus é Amor", são expressões que, além do sentido moral, podem também apontar para essa natureza energética e vibracional da divindade como fundamento da realidade.

Agora, podemos começar a construir uma ponte entre essas duas grandes avenidas do conhecimento humano: a ciência moderna e a sabedoria ancestral. A física nos diz que a matéria é 99.99% espaço vazio preenchido por campos de energia vibratória e que massa é energia condensada (E=mc²). As tradições espirituais nos dizem que o mundo físico é uma manifestação de uma energia vital universal (Prana, Chi, Luz Divina) e que a realidade aparente pode ser uma ilusão (Maya, no Hinduísmo) que oculta uma unidade energética subjacente. Não parecem estar falando de aspectos da mesma verdade fundamental, usando linguagens diferentes moldadas por suas épocas e metodologias?

A ciência descreve essa energia em termos de campos, partículas, frequências e vibrações. A espiritualidade a descreve em termos de força vital, consciência, luz e espírito. Talvez matéria e espírito não sejam entidades opostas, mas sim diferentes estados vibracionais da mesma energia universal. A matéria seria energia vibrando em frequências mais baixas, mais densas, tornando-se perceptível aos nossos sentidos físicos. O espírito, a consciência, a força vital, seriam essa mesma energia vibrando em frequências mais altas, mais sutis, geralmente imperceptíveis aos nossos instrumentos e sentidos comuns, mas acessíveis através da intuição, da meditação, da experiência interior.

Imagine um espectro de vibrações. Numa ponta, temos a energia tão densa que se manifesta como rocha, metal, carne e osso. À medida que a frequência vibratória aumenta, essa energia se torna mais sutil: água, ar, som, luz visível, ondas de rádio, raios X, raios gama. E além disso? Poderia o espectro continuar para frequências ainda mais altas, correspondendo aos reinos do pensamento, da emoção, da consciência, do espírito?

A física quântica, com suas descobertas sobre a natureza dual onda-partícula e a interconexão fundamental, abre portas para considerarmos seriamente essa possibilidade. Ela nos força a abandonar a visão mecanicista de um universo feito de peças sólidas e separadas, e nos convida a abraçar uma visão de um universo como um vasto oceano de energia vibrante, um campo unificado onde tudo está interconectado e em constante fluxo.

Compreender que tudo é energia é o primeiro passo fundamental em nossa jornada para explorar a "Alma Quântica". Esta compreensão dissolve a aparente barreira entre o físico e o não-físico, entre ciência e espiritualidade, entre mente e matéria. Ela nos fornece um novo léxico, uma nova maneira de pensar sobre nós mesmos e o universo. Quando falamos de "elevar nossa vibração", "sintonizar com boas energias" ou "sentir a energia de um lugar ou pessoa", talvez não estejamos usando apenas metáforas poéticas. Talvez estejamos tocando em uma descrição literal da realidade subjacente. Se tudo é energia, e se energia possui frequência e vibração, então nossos pensamentos, emoções e estado de consciência também são padrões energéticos vibracionais. E se a física quântica nos mostra que a energia pode ser influenciada pela observação e pela intenção, isso abre um leque extraordinário de possibilidades sobre como nossa própria consciência pode interagir com o universo energético ao nosso redor e dentro de nós.

Este capítulo lança a pedra fundamental. Aceitar a premissa de que o universo é fundamentalmente energético nos permite começar a explorar as perguntas mais profundas: O que é a consciência nesse contexto energético? Como ela surge? Como ela interage com a matéria? Qual a verdadeira natureza da realidade que percebemos? Ao unir a precisão da linguagem científica (energia, frequência, vibração, campos) com a profundidade da sabedoria espiritual (Prana, Chi, força vital, Luz Divina), preparamos o terreno para uma investigação fascinante sobre a conexão intrínseca entre nossa alma e o tecido quântico do cosmos. Estamos prestes a embarcar numa exploração que pode transformar não apenas nossa compreensão do mundo, mas também nossa experiência de vida, revelando nosso potencial inato como seres energéticos co-criadores de nossa realidade. A jornada começa agora, ancorada nesta verdade simples e poderosa: tudo é energia.

Capítulo 2
Natureza da Consciência

Se tudo no universo, desde a poeira cósmica até a complexidade biológica, é fundamentalmente energia em diferentes formas e vibrações, surge então a questão mais íntima e talvez mais desconcertante de todas: o que é esta "coisa" que percebe, que sente, que experimenta toda essa energia? O que somos *nós* nesse vasto oceano energético? Em suma, o que é consciência? Essa pergunta ecoa através dos corredores da filosofia, da ciência e da espiritualidade há milênios, resistindo a respostas fáceis, permanecendo um dos maiores enigmas da existência. É a luz interior que ilumina nossa experiência do mundo, a sensação de "ser", o fato de que não somos apenas autômatos processando informação, mas sim sujeitos vivenciando uma realidade. Sem consciência, o universo poderia existir como um mecanismo complexo e vazio, mas seria desprovido de significado, beleza, dor ou alegria. É a consciência que confere cor, som, textura e sentido à tapeçaria da existência.

Quando tentamos definir consciência, frequentemente nos deparamos com a dificuldade de descrever o que é mais fundamental em nossa experiência. Consciência é a capacidade de experienciar, de estar ciente. É a qualidade subjetiva do "como é ser" algo ou alguém. É a diferença entre um termostato que reage à temperatura e você *sentindo* frio. É a diferença entre uma câmera que registra a cor vermelha e você *vendo* o vermelho, com toda a sua vivacidade e possíveis associações emocionais. Essa qualidade intrínseca da experiência, esse aspecto fenomênico, é muitas vezes chamado de *qualia* pelos filósofos. Como descrever a doçura do mel para alguém que nunca o provou? Como explicar a melancolia de uma canção ou a euforia de uma conquista? Essas são experiências diretas, sentidas de dentro para fora, constituindo o cerne do que significa ser consciente. Essa subjetividade intrínseca torna a consciência um desafio único para a ciência, que tradicionalmente lida com o objetivo, o mensurável, o observável de fora.

A ciência moderna, particularmente a neurociência, fez progressos notáveis no mapeamento das correlações entre a atividade cerebral e os estados conscientes. Sabemos que certas áreas do cérebro estão associadas à visão, outras à audição, outras ao planejamento, às emoções, à linguagem. Danos a regiões específicas podem alterar drasticamente a personalidade, a memória ou a própria capacidade de estar consciente. Tecnologias como a ressonância magnética funcional (fMRI) permitem observar quais partes do cérebro se "acendem" quando pensamos, sentimos ou percebemos algo. Essa conexão íntima entre o cérebro físico e a experiência subjetiva é inegável. Para muitos cientistas, isso sugere fortemente que a consciência é um produto da atividade cerebral, uma propriedade emergente da complexa rede de bilhões de neurônios disparando em padrões intrincados. Nessa visão materialista, o cérebro *cria* a consciência, da mesma forma que os rins produzem urina ou o estômago produz ácido. A mente seria, então, o que o cérebro faz.

No entanto, essa explicação, embora dominante em muitos círculos científicos, deixa uma lacuna crucial, um mistério profundo que o filósofo David Chalmers famosamente apelidou de "o problema difícil da consciência" (the hard problem). Os "problemas fáceis" (que na verdade são imensamente complexos) envolvem explicar as funções da consciência: como o cérebro processa informação, direciona a atenção, controla o comportamento, armazena memórias. O "problema difícil" é explicar *por que* e *como* toda essa atividade física neuronal dá origem à experiência subjetiva, aos qualia. Por que toda essa computação biológica deveria *sentir* alguma coisa? Por que não poderíamos ser "zumbis filosóficos" – seres que processam informação e se comportam exatamente como nós, mas sem nenhuma experiência interior, sem nenhuma luz acesa por dentro? A neurociência pode mostrar *quais* neurônios disparam quando vemos vermelho, mas não explica *por que* esse disparo específico é acompanhado pela *sensação* subjetiva do vermelho. Essa passagem da matéria física para a experiência subjetiva permanece um abismo explicativo, o grande mistério no coração da ciência da mente.

Essa dificuldade em reduzir a consciência apenas à atividade cerebral levou alguns cientistas e filósofos a questionar se o cérebro é realmente o gerador exclusivo da consciência. Poderia a relação ser mais sutil? Uma analogia frequentemente usada é a do aparelho de televisão ou rádio. O aparelho capta sinais transmitidos pelo ar e os converte em imagem e som. A música não está *dentro* do rádio; ele apenas a sintoniza e a expressa. Da mesma forma, poderíamos pensar no cérebro não como o criador da consciência, mas como um complexo receptor e transmissor, um sintonizador biológico que capta e modula uma consciência mais ampla, talvez um campo de consciência que permeia o universo, semelhante ao campo energético discutido no capítulo anterior. Nessa perspectiva, o cérebro seria o hardware necessário para que a consciência se manifeste e interaja no mundo físico tridimensional, mas a consciência em si poderia ter uma origem mais fundamental, não localizável exclusivamente dentro do crânio. Essa visão oferece uma moldura conceitual que poderia, potencialmente, acomodar fenômenos que desafiam a visão puramente cerebral, como experiências de quase-morte lúcidas ocorridas durante parada cardíaca, ou certas experiências psíquicas que sugerem uma mente não confinada ao corpo (temas que exploraremos adiante). Não se trata de negar a importância crucial do cérebro, mas de reconsiderar sua função exata na equação da consciência.

Aqui, novamente, encontramos uma ressonância notável com perspectivas espirituais milenares. Para inúmeras tradições ao redor do globo, a consciência não é um epifenômeno tardio da evolução material, mas sim o elemento primordial, a própria essência da existência.

O que a ciência chama de "consciência", a espiritualidade frequentemente chama de *Alma* (Atman no Hinduísmo, Psique na Grécia antiga, Nephesh no Judaísmo) ou *Espírito*. Essa Alma é vista como a centelha divina dentro de cada ser, a parte imortal e imutável de nós que observa o fluxo da vida, aprende com as experiências e persiste além da morte do corpo físico. O corpo e o cérebro são considerados veículos temporários para a expressão e evolução dessa consciência essencial no plano material. A consciência, nessa visão, não emerge da matéria; pelo contrário, a matéria pode ser vista como uma manifestação ou expressão da consciência fundamental. O universo não seria uma máquina que acidentalmente produziu consciência, mas sim um campo de consciência que se manifesta como um universo. Deus, ou a Fonte Última, é frequentemente concebido como Consciência Pura, e nós, como indivíduos, seríamos expressões individualizadas dessa Consciência Cósmica.

Essa perspectiva nos convida a olhar para dentro, a buscar o "eu" que experiencia por trás dos pensamentos, emoções e sensações passageiras. Quem é que observa seus pensamentos surgindo e desaparecendo? Quem percebe suas alegrias e tristezas? Práticas meditativas em diversas tradições visam justamente cultivar essa auto-observação, a diferenciar o observador silencioso (o Eu interior, a testemunha) do conteúdo da mente (o fluxo constante de pensamentos e percepções). Esse observador interno é frequentemente associado ao *Eu Superior* ou à *Centelha Divina*, a nossa conexão direta com a consciência universal. É a parte de nós que permanece serena e lúcida mesmo em meio ao turbilhão da vida, a fonte de nossa intuição, sabedoria e compaixão inatas. Reconhecer e conectar-se com esse núcleo de consciência pura é visto como o caminho para a autocompreensão, a paz interior e a iluminação espiritual.

Portanto, a natureza da consciência se apresenta como um ponto crucial de convergência e diálogo entre ciência e espiritualidade. A ciência, com seu rigor metodológico, mapeia as correlações físicas da consciência e se depara com o "problema difícil", reconhecendo os limites atuais de sua compreensão sobre a experiência subjetiva. A espiritualidade, através de milênios de exploração introspectiva, oferece uma visão da consciência como fundamental, como a essência do ser e a fonte da realidade, propondo caminhos para sua exploração direta e expansão. Nenhuma das abordagens, isoladamente, parece deter a resposta completa. Talvez a verdade resida na integração, em reconhecer que a consciência tem tanto um aspecto físico, ancorado no funcionamento cerebral, quanto um aspecto mais sutil, transcendente, possivelmente conectado a um campo universal de energia e informação.

Compreender a consciência é, em última análise, compreender a nós mesmos em nosso nível mais profundo. É a chave para desvendar nosso relacionamento com o universo energético que habitamos. Se nossa consciência não está estritamente limitada ao cérebro, se ela pode interagir com campos de energia, se ela é uma expressão individualizada de uma Consciência maior, então as implicações são imensas. Isso abre a porta para entendermos como nossos pensamentos e intenções podem influenciar a realidade, como podemos nos conectar uns aos outros e ao cosmos de maneiras sutis, e qual pode ser nosso propósito maior nesta jornada existencial. A investigação sobre a natureza da consciência não é apenas um exercício acadêmico ou filosófico; é uma exploração vital que nos toca no âmago de nosso ser e define nossa percepção de quem somos e do que é possível. Ao mantermos a mente aberta para as descobertas da ciência e para a sabedoria das tradições espirituais, podemos começar a vislumbrar uma imagem mais completa e integrada dessa luz misteriosa que nos anima, a chama da consciência que arde no coração do universo e dentro de cada um de nós. A jornada para compreender a Alma Quântica passa, inevitavelmente, por desvendar os segredos dessa essência consciente.

Capítulo 3
Natureza da Realidade

Após explorarmos a ideia fundamental de que tudo é energia e questionarmos a natureza da consciência que percebe essa energia, somos naturalmente levados a indagar sobre a própria natureza daquilo que chamamos "realidade". O que é real? O mundo que experienciamos – com suas paisagens, objetos, outras pessoas – existe exatamente da forma como o percebemos, independentemente de nós? Ou será que nossa percepção, nossa consciência, desempenha um papel ativo na construção daquilo que tomamos por realidade? Esta questão, tão antiga quanto a própria filosofia, ganha novas nuances e urgência à luz das descobertas da física moderna e das profundas intuições das tradições espirituais. Desafiar nossas suposições sobre a realidade é um passo crucial para compreendermos nosso lugar e nosso poder dentro do cosmos.

A visão predominante, tanto no senso comum quanto na ciência clássica que moldou nossa civilização por séculos, é a de uma realidade objetiva. Nessa perspectiva, o universo existe "lá fora", sólido, factual, governado por leis imutáveis, completamente independente de quem o observa. Uma pedra é uma pedra, com suas propriedades de massa, textura e composição química, quer haja alguém olhando para ela ou não. O tempo flui uniformemente, o espaço é um palco fixo onde os eventos se desenrolam. A realidade é vista como algo concreto e externo, e nossa tarefa, como observadores ou cientistas, é descobrir suas leis e descrevê-la da forma mais precisa possível. Nossos sentidos, embora imperfeitos, seriam janelas para esse mundo exterior preexistente. Essa visão mecanicista e materialista, consolidada por pensadores como Isaac Newton, foi incrivelmente bem-sucedida em explicar e prever fenômenos do mundo macroscópico, levando a avanços tecnológicos que transformaram nossa sociedade. Ela nos oferece uma sensação de ordem, previsibilidade e controle sobre o mundo natural.

Contudo, mesmo dentro dessa visão clássica, é preciso reconhecer as limitações inerentes à nossa percepção. Nossos sentidos são ferramentas biológicas altamente especializadas, evoluídas para garantir nossa sobrevivência em um ambiente específico, não para captar a totalidade da realidade. Percebemos apenas uma faixa minúscula do espectro eletromagnético como luz visível, ignorando ondas de rádio, micro-ondas, infravermelho, ultravioleta, raios X e raios gama que permeiam o espaço ao nosso redor. Nosso ouvido capta uma gama limitada de frequências sonoras; não ouvimos os ultrassons dos morcegos nem os infrassons dos elefantes. Nosso olfato e paladar são rudimentares comparados aos de muitos outros animais. O que percebemos como um mundo contínuo e estável é, na verdade, uma reconstrução feita pelo nosso cérebro a partir de sinais sensoriais fragmentados e limitados. O cérebro interpreta, filtra, preenche lacunas e projeta expectativas com base em experiências passadas e condicionamentos culturais. Ilusões de ótica demonstram vividamente como nossa percepção pode ser enganada, como o cérebro constrói ativamente a realidade visual. Um daltônico percebe o mundo de forma diferente. Um cão, com seu olfato apuradíssimo, vive em um universo olfativo que mal podemos imaginar. Portanto, mesmo sem sair do paradigma científico tradicional, já temos indícios de que nossa "realidade" percebida é uma versão editada, um modelo subjetivo baseado em dados sensoriais incompletos e processamento neural. Não experimentamos o mundo diretamente como ele "é", mas sim uma interpretação dele.

Essa noção de uma realidade não tão fixa e objetiva foi drasticamente amplificada pelas descobertas da física quântica no início do século XX. Ao investigar o reino subatômico, os cientistas se depararam com fenômenos que desafiavam completamente a intuição clássica. Partículas como elétrons pareciam não ter propriedades definidas, como posição ou momento, até serem medidas. Antes da medição, existiam apenas como ondas de probabilidade, um campo de potencialidades. O próprio ato de observar parecia influenciar o resultado, "colapsando" a onda de probabilidade em um estado definido. Isso sugeria que, no nível mais fundamental, a realidade não é fixa e predeterminada, mas sim probabilística e, de alguma forma, dependente do observador. A imagem de um universo objetivo e independente "lá fora" começou a se dissolver, dando lugar a uma visão mais estranha e interconectada, onde observador e observado parecem intrinsecamente ligados. Embora os efeitos quânticos sejam geralmente sutis em nossa escala macroscópica, eles revelam uma natureza fundamental da realidade que difere radicalmente do mundo sólido e previsível de Newton. A física quântica abriu uma fenda na concepção de realidade objetiva, sugerindo que ela pode ser mais maleável, mais participativa do que imaginávamos.

Essa ideia de que a realidade percebida pode não ser a realidade última, ou que nossa mente participa em sua criação, encontra paralelos impressionantes em antigas tradições espirituais, especialmente nas filosofias orientais. No Hinduísmo e no Budismo, o conceito de *Maya* descreve o véu da ilusão que encobre a verdadeira natureza da realidade. Maya é o poder cósmico que faz com que o mundo fenomênico – o mundo de nomes e formas, de objetos separados e eventos transitórios – pareça real e substancial. Sob o véu de Maya, percebemos a multiplicidade e a separação, esquecendo a unidade subjacente (Brahman, no Hinduísmo) ou a natureza vazia e interdependente de todos os fenômenos (Shunyata, no Budismo). Maya não significa necessariamente que o mundo é uma alucinação completa ou que não existe de forma alguma. Significa, antes, que nossa percepção habitual dele é enganosa, que tomamos as aparências pela essência, o transitório pelo permanente, o fragmentado pelo todo. A solidez aparente dos objetos, a fixidez do nosso eu, a linearidade do tempo – tudo isso seria parte da ilusão tecida por Maya, uma construção mental que nos aprisiona em um ciclo de sofrimento (samsara) até que despertemos para a verdadeira natureza da realidade através da sabedoria e da prática espiritual. A descoberta da física moderna de que objetos sólidos são, na verdade, vastos espaços vazios preenchidos por campos de energia probabilística, parece ecoar de forma surpreendente essa antiga noção espiritual de que a solidez do mundo material é uma ilusão perceptual.

Unindo essas perspectivas – as limitações da percepção sensorial, as implicações da física quântica e a sabedoria de tradições como a que nos fala de Maya – emerge uma imagem da realidade como uma construção complexa. O que experimentamos como "mundo real" parece ser o resultado de uma interação intrincada entre um potencial energético subjacente (descrito pela física quântica), os filtros de nossos sentidos biológicos, o processamento interpretativo de nosso cérebro (moldado pela evolução, cultura e experiência pessoal) e, crucialmente, o estado de nossa própria consciência. Não somos meros espectadores passivos de um filme cósmico que se desenrola independentemente de nós. Somos, de alguma forma, participantes ativos na própria tecelagem da tapeçaria da realidade que experienciamos. Nossas crenças, expectativas, focos de atenção e estados emocionais podem atuar como filtros adicionais, colorindo nossa percepção e talvez até influenciando sutilmente os eventos que se manifestam em nossa vida.

Algumas correntes espirituais e filosóficas vão ainda mais longe, propondo que a realidade física não é apenas interpretada ou influenciada pela consciência, mas sim projetada por ela. Nessa visão idealista, a consciência seria a realidade primária, e o mundo material seria uma manifestação secundária, como um sonho ou uma projeção mental de uma Mente Cósmica maior, ou mesmo de nossa própria consciência coletiva. O universo seria, nesse sentido, um reflexo da consciência que o percebe. Embora essa ideia possa parecer radical do ponto de vista materialista, ela encontra apoio em experiências místicas onde indivíduos relatam sentir a unidade com tudo e perceber o mundo como uma emanação de sua própria consciência expandida. A física quântica, ao demonstrar o papel do observador, embora não prove diretamente o idealismo, certamente torna essa perspectiva menos implausível do que era no paradigma clássico.

Talvez uma visão mais equilibrada e integradora seja a da interdependência. A realidade não seria nem puramente objetiva (existindo independentemente da consciência) nem puramente subjetiva (sendo apenas uma projeção da mente), mas sim emergindo da *relação* dinâmica entre a consciência e o campo de potencialidade quântica. O universo oferece um leque de possibilidades energéticas, e a consciência, através do ato de observar, perceber e intencionar, participa na atualização dessas possibilidades em experiência concreta. Observador e observado co-criam a realidade momento a momento, em uma dança cósmica de energia e consciência. Essa visão ressoa tanto com certas interpretações da mecânica quântica (como a interpretação relacional) quanto com filosofias holísticas que enfatizam a interconexão e a participação.

Independentemente de qual interpretação nos pareça mais convincente, o ponto central é o convite a questionar nossas certezas sobre a natureza da realidade. O mundo pode ser muito mais misterioso, fluido e participativo do que nossa visão cotidiana nos leva a crer. A solidez pode ser uma ilusão energética, a separação pode ser um véu perceptual, e nossa própria consciência pode ter um papel muito mais central na orquestração da existência do que jamais imaginamos. Reconhecer isso não nos leva ao niilismo ou à negação do mundo, mas sim a uma postura de maior humildade, maravilhamento e responsabilidade. Se participamos na construção de nossa realidade, então a qualidade de nossa consciência, de nossos pensamentos e intenções, torna-se fundamental. Abrir a mente para a possibilidade de uma realidade maleável, interconectada e permeada pela consciência é essencial para compreendermos os fenômenos que exploraremos nos próximos capítulos, como o poder do observador, a não-localidade e a capacidade da mente de influenciar a matéria. A jornada para a Alma Quântica exige que ousemos olhar para além do véu da realidade aparente e contemplemos a dança profunda entre o universo interior e o universo exterior.

Capítulo 4
Matéria e Espírito

Ao longo da história do pensamento humano, uma divisão profunda frequentemente separou nossa compreensão do mundo em dois domínios aparentemente distintos: o da matéria e o do espírito. De um lado, temos o reino do físico, do tangível, do mensurável – o domínio tradicional da ciência. É o mundo das pedras, das árvores, dos corpos, das estrelas, tudo aquilo que podemos tocar, pesar, analisar em seus componentes químicos e físicos. Do outro lado, temos o reino do imaterial, do intangível, do sagrado – o domínio tradicional da religião, da filosofia e da experiência interior. É o mundo da consciência, da alma, dos sentimentos, das ideias, da fé, de Deus. Essa dicotomia, essa sensação de que matéria e espírito são substâncias fundamentalmente diferentes, talvez até opostas, moldou profundamente nossa cultura, nossas instituições e nossa própria percepção de quem somos. Mas será essa separação real? Ou seria ela mais uma ilusão perceptual, uma construção mental que nos impede de ver uma conexão mais profunda e unificada na tapeçaria da existência?

Essa divisão foi particularmente cristalizada no pensamento ocidental pelo filósofo francês René

Descartes, no século XVII. Descartes propôs um dualismo radical entre *res extensa* (a substância extensa, a matéria, caracterizada por ocupar espaço) e *res cogitans* (a substância pensante, a mente ou espírito, caracterizada pela consciência). Para Descartes, corpo e mente eram entidades separadas, interagindo de alguma forma misteriosa, mas fundamentalmente distintas. Essa visão cartesiana teve um impacto imenso, permitindo que a ciência se desenvolvesse focando no estudo objetivo e matemático do mundo material, livre das complexidades subjetivas da mente e do espírito, que foram relegadas à filosofia e à teologia. Embora útil em certo sentido para o avanço científico inicial, essa separação criou um abismo que perdura até hoje, gerando um sentimento de alienação entre nosso mundo interior e o universo exterior, entre nossa busca por significado espiritual e nossa compreensão científica do cosmos. Sentimo-nos frequentemente como "fantasmas na máquina", consciências presas em corpos materiais que não parecem ter relação intrínseca com nossa essência mais profunda.

  Contudo, a própria ciência, ao aprofundar sua investigação sobre a natureza da matéria, começou a corroer as fundações dessa separação rígida. Como vimos anteriormente, a física do século XX revelou um quadro surpreendente. A matéria, que parecia tão sólida e inerte, mostrou-se ser, em sua essência, energia vibrante e dinâmica. Átomos são vastos espaços vazios preenchidos por campos de força. Partículas subatômicas dançam entre estados de onda e partícula, suas propriedades indefinidas até serem observadas. A famosa equação E=mc² de Einstein demonstrou a equivalência fundamental entre massa e energia, mostrando que a matéria é, na verdade, energia altamente concentrada. Essa visão científica moderna pinta um retrato da matéria não como algo oposto à energia ou ao dinamismo, mas como sua manifestação condensada. A solidez é uma ilusão macroscópica; na base, tudo é fluxo, vibração, potencialidade. A matéria não é "coisa" estática, mas sim um processo energético contínuo.

Essa compreensão científica ressoa de maneira fascinante com muitas perspectivas espirituais antigas e contemporâneas sobre a natureza do mundo físico. Em diversas tradições, a matéria não é vista como inerentemente má, ilusória ou separada do divino, mas sim como uma expressão, uma manifestação ou até mesmo um "corpo" do espírito ou da consciência universal. Em algumas visões, o universo material é o sonho de Deus, a canção da Fonte, a dança de Shiva. A matéria seria o espírito em sua forma mais densa, mais visível. A criação do mundo físico não seria um ato de separação do divino, mas sim um ato de amor, de extensão, onde o espírito se aventura na forma para experienciar a si mesmo de infinitas maneiras. A noção de que a matéria é "luz congelada" ou "espírito condensado" aparece em diversas escolas de pensamento místico e esotérico. Elas descrevem uma hierarquia ou espectro de existência, onde a energia primordial se diferencia em níveis vibracionais cada vez mais densos, desde os planos espirituais mais sutis até o plano físico que percebemos.

Podemos, então, começar a vislumbrar uma visão unificadora, uma ponte sobre o abismo cartesiano. E se matéria e espírito não forem duas substâncias distintas, mas sim dois polos de um mesmo espectro contínuo de energia-consciência? A matéria seria a energia vibrando em frequências relativamente mais baixas, criando padrões estáveis e densos que percebemos como objetos físicos. O espírito (ou consciência, força vital) seria essa mesma energia primordial vibrando em frequências mais altas, mais sutis, manifestando-se como pensamento, sentimento, intuição, vida. A diferença não seria de substância, mas de estado vibracional, de expressão. Pensemos na água: ela pode existir como gelo (sólido, denso), como líquido (fluido) ou como vapor (gasoso, invisível). São três manifestações muito diferentes, com propriedades distintas, mas todas são fundamentalmente a mesma substância: H_2O. Da mesma forma, matéria e espírito poderiam ser diferentes manifestações da mesma realidade fundamental subjacente. O corpo físico denso seria animado e sustentado por corpos energéticos mais sutis (aura, corpo etérico, corpo astral, como descritos em várias tradições), que por sua vez seriam expressões de uma alma ou consciência ainda mais fundamental. A antiga noção espiritual de que o corpo físico (denso) é animado por algo sutil (alma, espírito) encontra um paralelo na visão científica da matéria como energia organizada e dinâmica, não como blocos inertes.

 A física quântica, em particular, oferece um forte apoio conceitual para superar o dualismo estrito. O já mencionado "efeito do observador" – o fato de que o ato de observar um sistema quântico afeta seu estado – sugere uma ligação inescapável entre consciência (o observador) e matéria (o sistema observado). Eles não podem ser totalmente separados em uma descrição completa da realidade quântica. Além disso, fenômenos como o entrelaçamento quântico (que exploraremos mais adiante), onde partículas que interagiram permanecem conectadas instantaneamente à distância, desafiam a noção de objetos materiais como entidades isoladas e independentes, apontando para uma interconexão holística fundamental no universo. O universo quântico não se parece com uma máquina feita de peças separadas, mas sim com uma rede indivisível de relações energéticas, onde a consciência parece desempenhar um papel ativo. Ao revelar a natureza fluida, interconectada e participativa da realidade em seu nível mais fundamental, a física quântica implicitamente mina a separação rígida entre o observador (mente/espírito) e o observado (matéria).

Essa convergência nos convida a reconsiderar os conceitos filosóficos de dualismo e monismo. O dualismo sustenta que existem duas substâncias fundamentais irredutíveis (como mente e matéria). O monismo, por outro lado, afirma que a realidade é, em última análise, composta por uma única substância ou princípio fundamental. Existem diferentes formas de monismo: o monismo materialista (tudo é matéria, a mente é um subproduto), o monismo idealista (tudo é mente/consciência, a matéria é uma manifestação) e o monismo neutro (a substância fundamental não é nem matéria nem mente, mas algo neutro que se manifesta como ambos). A visão que emerge da síntese entre a física moderna e a sabedoria espiritual parece apontar para alguma forma de monismo. Seja ele um monismo onde a energia quântica fundamental possui propriedades protoconscientes, seja um monismo onde a Consciência é o substrato primordial do qual a energia/matéria emerge, a ideia central é a de uma unidade subjacente. Matéria e espírito não seriam inimigos em guerra, mas sim parceiros de dança na grande coreografia cósmica.

É crucial entender que reconhecer essa unidade não significa reduzir a espiritualidade à física ou transformar a ciência em religião. Trata-se, antes, de perceber que ambas podem estar descrevendo facetas da mesma realidade una, utilizando linguagens, métodos e focos diferentes. A ciência busca entender o "como" através da observação externa, da experimentação e da modelagem matemática. A espiritualidade busca entender o "porquê" e o "quem" através da introspecção, da experiência direta, do simbolismo e da busca por significado. São caminhos complementares para o conhecimento. A física pode nos falar sobre as vibrações dos campos quânticos, enquanto a espiritualidade nos fala sobre as vibrações do amor e da compaixão. A neurociência pode mapear os correlatos neurais da meditação, enquanto a prática meditativa nos oferece a experiência direta da paz interior. Em vez de vê-los como domínios conflitantes, podemos começar a apreciá-los como diferentes níveis de descrição de um universo que é, simultaneamente, físico e não-físico, energético e consciente.

Superar a ilusão da separação entre matéria e espírito é talvez um dos passos mais libertadores em nossa jornada de autocompreensão. Quando percebemos que nosso corpo não é uma prisão para a alma, mas sim um templo sagrado, um instrumento precioso para a experiência e expressão da consciência no mundo físico; quando entendemos que o mundo material não é um obstáculo ao espírito, mas sim sua manifestação visível, nosso relacionamento com nós mesmos e com o universo se transforma. Deixamos de nos sentir fragmentados e alienados, e começamos a experimentar a totalidade de nosso ser como entidades físico-energético-espirituais. Essa visão integrada nos capacita a cuidar de nosso corpo com mais respeito, a honrar a natureza como sagrada e a buscar um equilíbrio harmonioso entre nossas necessidades materiais e aspirações espirituais. Ela nos prepara para compreender como a consciência pode interagir com a energia para moldar a realidade, um tema central que a revolução quântica nos ajudará a explorar mais profundamente. A dança entre matéria e espírito é a própria dança da vida, e estamos todos convidados a participar dela com consciência e alegria.

Capítulo 5
Revolução Quântica

No final do século XIX e início do século XX, a física clássica reinava suprema. As leis do movimento de Newton e a teoria do eletromagnetismo de Maxwell pareciam descrever o universo com uma precisão e elegância inquestionáveis. O cosmos era visto como um grande mecanismo de relojoaria, um sistema determinista onde, conhecendo as condições iniciais de todas as partículas, seria possível prever todo o futuro e reconstruir todo o passado. A matéria era sólida, o espaço e o tempo absolutos, e a realidade existia objetivamente, independentemente de qualquer observador. Havia uma sensação de completude, de que os grandes princípios fundamentais da natureza haviam sido desvendados. Restavam apenas alguns detalhes a serem refinados, algumas pequenas anomalias a serem explicadas dentro dessa grandiosa e aparentemente inabalável estrutura. Mal sabiam os físicos da época que essas pequenas "nuvens no horizonte", como foram chamadas, prenunciavam uma tempestade conceitual que abalaria os próprios alicerces de sua compreensão da realidade, inaugurando uma era radicalmente nova: a era quântica.

A primeira fenda significativa nesse edifício clássico surgiu por volta de 1900, com o trabalho do físico alemão Max Planck. Ele tentava resolver um problema específico conhecido como "catástrofe do ultravioleta", relacionado à radiação emitida por objetos aquecidos (corpos negros). As teorias clássicas previam que esses objetos deveriam emitir quantidades infinitas de energia em altas frequências (como a luz ultravioleta), algo que claramente não acontecia na prática. Em um ato que ele mesmo descreveu como de "desespero", Planck propôs uma solução radical: a energia não seria emitida ou absorvida de forma contínua, como se pensava, mas sim em pacotes discretos, como se fossem pequenas "moedas" de energia. Ele chamou esses pacotes indivisíveis de *quanta* (plural de *quantum*, que significa "quantidade" em latim). A quantidade de energia em cada quantum era proporcional à frequência da radiação. Essa ideia de energia quantizada, descontínua, ia contra toda a intuição da física clássica, onde as grandezas eram consideradas contínuas. O próprio Planck inicialmente relutou em aceitar as implicações profundas de sua própria hipótese, vendo-a mais como um artifício matemático do que como uma descrição da realidade física. Mas a semente da revolução havia sido plantada.

Poucos anos depois, em 1905, Albert Einstein levou a ideia do quantum um passo adiante de forma ousada. Para explicar o efeito fotoelétrico – o fenômeno onde a luz incidente sobre um metal pode arrancar elétrons dele – Einstein propôs que a própria luz não era apenas uma onda contínua, como se acreditava, mas também consistia desses pacotes de energia quantizada. Esses "quanta de luz" mais tarde seriam chamados de *fótons*. A energia de cada fóton dependia de sua frequência (cor), e somente fótons com energia suficiente poderiam ejetar elétrons do metal, explicando por que a intensidade da luz não era o fator determinante, mas sim sua cor. Essa explicação rendeu a Einstein o Prêmio Nobel e forneceu uma forte confirmação da realidade física dos quanta, mostrando que a descontinuidade introduzida por Planck não era um mero truque, mas uma característica fundamental da interação entre luz e matéria. A luz, que classicamente era vista como uma onda pura, agora revelava também uma natureza de partícula.

A próxima peça crucial do quebra-cabeça quântico veio em 1913, com o físico dinamarquês Niels Bohr. Ele aplicou as ideias quânticas à estrutura do átomo, buscando explicar por que os átomos eram estáveis e por que emitiam luz apenas em frequências específicas (linhas espectrais). Segundo a física clássica, os elétrons orbitando o núcleo deveriam irradiar energia continuamente e rapidamente espiralar para dentro, tornando os átomos instáveis. Bohr postulou que os elétrons só poderiam existir em certas órbitas ou níveis de energia permitidos ao redor do núcleo, como degraus de uma escada. Eles não poderiam ocupar os espaços intermediários. Um elétron só poderia "saltar" de um nível para outro absorvendo ou emitindo um quantum exato de energia, correspondente à diferença entre os níveis, na forma de um fóton de luz. Esse modelo, embora posteriormente refinado, foi um sucesso notável em explicar os espectros atômicos e introduziu a quantização não apenas da energia, mas também da estrutura da matéria em seu nível mais fundamental. O átomo não era um sistema solar em miniatura regido pelas leis clássicas, mas sim uma entidade quântica com regras próprias e estranhas.

Nas décadas seguintes, especialmente nos anos 1920, uma explosão de criatividade por parte de uma geração brilhante de físicos – incluindo Werner Heisenberg, Erwin Schrödinger, Paul Dirac, Wolfgang Pauli, Max Born e outros – levou ao desenvolvimento da teoria completa da mecânica quântica. Essa nova teoria descrevia o comportamento da matéria e da energia em escala atômica e subatômica com uma precisão matemática impressionante, mas trazia consigo conceitos que desafiavam radicalmente o senso comum e a filosofia clássica. O determinismo estrito deu lugar à *probabilidade*: a mecânica quântica não previa o resultado exato de uma única medição, mas sim as probabilidades dos diferentes resultados possíveis. A natureza parecia ter um elemento inerente de acaso ou escolha em seu nível mais fundamental. A *dualidade onda-partícula*, sugerida inicialmente para a luz por Einstein, foi estendida à matéria por Louis de Broglie: partículas como elétrons também podiam se comportar como ondas, e vice-versa. E, talvez o mais perturbador, o papel do *observador* parecia ser crucial: o ato de medir um sistema quântico parecia influenciar ativamente seu estado, trazendo à tona uma realidade que antes era apenas potencial.

Essa avalanche de descobertas marcou o fim da visão de mundo mecanicista, do universo como um relógio previsível e objetivo. A realidade fundamental revelou-se muito mais estranha, sutil e interconectada do que a física clássica jamais imaginara. O universo não era uma máquina feita de peças bem definidas, mas sim uma teia dinâmica de potenciais probabilísticos, onde onda e partícula eram aspectos complementares da mesma entidade, e onde a separação entre observador e observado não era mais absoluta. Essa mudança de paradigma foi tão profunda que gerou intensos debates filosóficos entre os próprios pioneiros da teoria. Einstein, apesar de seu papel fundamental no início da revolução, permaneceu desconfortável com a natureza probabilística e aparentemente incompleta da mecânica quântica, expressando sua famosa objeção de que "Deus não joga dados". Ele buscava uma teoria mais profunda e determinista. Bohr, por outro lado, tornou-se o principal defensor da chamada Interpretação de Copenhague, que abraçava a probabilidade, a complementaridade (onda e partícula como descrições necessárias, mas mutuamente exclusivas) e o papel essencial do ato de medição na definição da realidade quântica. Schrödinger, famoso por sua equação de onda, ilustrou o paradoxo da teoria com seu experimento mental do gato que estaria simultaneamente vivo e morto até que a caixa fosse aberta e uma observação fosse feita. Esses debates mostram que os fundadores da física quântica estavam plenamente conscientes das implicações filosóficas radicais de seu trabalho, tateando no escuro para compreender o significado de um mundo que desafiava a intuição humana.

Essa revolução quântica, portanto, foi muito mais do que apenas um avanço na física. Ela representou uma transformação fundamental na maneira como a ciência percebia a natureza da realidade. Ao quebrar o determinismo rígido, ao introduzir a probabilidade e a interconexão fundamental, e ao destacar o papel enigmático do observador, a mecânica quântica abriu portas conceituais que haviam sido fechadas pela visão mecanicista clássica. Ela criou um espaço onde a ciência poderia, ainda que timidamente no início, começar a reconsiderar questões profundas sobre a natureza da matéria, da energia, da informação e até mesmo da consciência – questões que antes pareciam pertencer exclusivamente ao domínio da filosofia ou da espiritualidade. A física, que parecia ter banido o mistério do universo, agora o reintroduzia em seu próprio cerne. Essa abertura, essa quebra do materialismo estrito, criou uma ponte potencial, um ponto de partida para um novo diálogo entre o conhecimento científico e a reflexão filosófica e espiritual sobre a natureza última da existência. A revolução quântica não apenas nos deu novas tecnologias, mas também nos ofereceu uma nova maneira de ver o mundo e nosso lugar nele, uma visão que continua a nos inspirar e desafiar até hoje.

Capítulo 6
Dualidade Onda-Partícula

Dentro do estranho e fascinante mundo revelado pela revolução quântica, talvez nenhum conceito desafie mais nossa intuição e nossa linguagem do que a dualidade onda-partícula. No mundo macroscópico que habitamos, estamos acostumados a uma distinção clara. As coisas são ou ondas ou partículas. Uma onda, como as que se formam na superfície de um lago ou as ondas sonoras que viajam pelo ar, é um distúrbio que se espalha pelo espaço, transportando energia sem transportar matéria de forma localizada. As ondas podem se sobrepor, interferir umas nas outras (criando padrões de reforço ou cancelamento) e contornar obstáculos (difração). Uma partícula, por outro lado, como uma bola de bilhar ou um grão de areia, é uma entidade localizada no espaço, com posição e massa definidas. As partículas colidem, ricocheteiam, seguem trajetórias bem definidas. Em nossa experiência cotidiana, essas duas categorias parecem mutuamente exclusivas. Uma coisa não pode ser simultaneamente uma onda espalhada e uma partícula localizada. Ou pode?

A física quântica nos força a confrontar essa possibilidade desconcertante. Como vimos, no início do século XX, a luz, que por muito tempo fora considerada uma onda eletromagnética clássica, começou a revelar um comportamento de partícula através do efeito fotoelétrico explicado por Einstein – ela interagia com a matéria como se fosse composta de pacotes discretos de energia, os fótons. Isso já era suficientemente estranho. Mas a verdadeira reviravolta veio quando se descobriu que o inverso também era verdade: entidades que sempre foram consideradas partículas, como os elétrons, também podiam exibir comportamento de onda. Experimentos mostraram que feixes de elétrons, ao passarem por cristais ou fendas estreitas, podiam produzir padrões de difração e interferência, fenômenos característicos das ondas. Era como se os elétrons, sob certas condições, "esquecessem" sua natureza de partícula e se espalhassem pelo espaço como ondas. Essa descoberta, proposta teoricamente por Louis de Broglie e confirmada experimentalmente pouco depois, estabeleceu a universalidade da dualidade onda-partícula: não apenas a luz, mas também a matéria, em seu nível mais fundamental, exibe essa natureza dupla e paradoxal.

O experimento mais famoso e talvez mais eloquente para ilustrar essa dualidade é o experimento da dupla fenda. Imagine uma fonte que dispara elétrons, um de cada vez, em direção a uma barreira com duas fendas muito próximas. Atrás da barreira, há uma tela detectora que registra onde cada elétron chega. Se pensarmos nos elétrons como pequenas partículas clássicas, esperaríamos que cada elétron passasse por uma fenda ou pela outra, atingindo a tela em duas faixas correspondentes às posições das fendas, talvez um pouco espalhadas devido a pequenas variações. Mas não é isso que acontece quando realizamos o experimento sem tentar descobrir por qual fenda cada elétron passa. À medida que os elétrons atingem a tela um a um, eles gradualmente constroem um padrão surpreendente: uma série de faixas alternadas, claras e escuras, conhecido como padrão de interferência. Esse é exatamente o tipo de padrão que obteríamos se ondas (como ondas de água ou luz) passassem pelas duas fendas simultaneamente, interferindo construtiva (reforço, faixas claras) e destrutivamente (cancelamento, faixas escuras) umas com as outras no caminho até a tela. A implicação é espantosa: cada elétron individual, ao viajar da fonte para a tela, parece se comportar como uma onda que passa por *ambas* as fendas ao mesmo tempo e interfere consigo mesma. Como pode uma única partícula passar por dois lugares diferentes simultaneamente?

A estranheza aumenta ainda mais. Suponha que agora modifiquemos o experimento colocando detectores em cada uma das fendas, projetados para registrar por qual fenda cada elétron realmente passa. Queremos "espiar" o elétron e forçá-lo a revelar seu caminho. No momento em que fazemos isso, algo dramático acontece: o padrão de interferência na tela desaparece completamente! Em vez disso, obtemos exatamente o padrão que esperaríamos para partículas clássicas: duas faixas distintas atrás das fendas. O simples ato de observar, de obter informação sobre qual caminho o elétron tomou ("informação de qual caminho"), parece forçá-lo a abandonar seu comportamento de onda e a se comportar como uma partícula bem-comportada, escolhendo uma única fenda. É como se o elétron "soubesse" que estava sendo observado e decidisse agir de acordo. A natureza ondulatória e a natureza corpuscular parecem ser incompatíveis com a obtenção de informação sobre o caminho percorrido. A realidade que o elétron manifesta depende crucialmente de como escolhemos interagir com ele, de que tipo de pergunta fazemos através de nossa configuração experimental.

Diante desse paradoxo aparentemente insolúvel, Niels Bohr propôs seu famoso Princípio da Complementaridade. Bohr argumentou que as descrições de onda e partícula não são contraditórias, mas sim *complementares*. Ambas são necessárias para uma compreensão completa da realidade quântica, mas elas se aplicam em contextos experimentais diferentes e mutuamente exclusivos. Um experimento projetado para medir propriedades de onda (como a interferência na dupla fenda sem detectores) revelará a natureza ondulatória. Um experimento projetado para medir propriedades de partícula (como a trajetória na dupla fenda com detectores) revelará a naturea corpuscular. Não podemos observar ambos os aspectos simultaneamente com precisão máxima. São como duas faces da mesma moeda quântica; só podemos ver uma face de cada vez, dependendo de como olhamos. A natureza fundamental da entidade quântica abarca ambas as potencialidades, e o contexto da medição determina qual delas se manifesta em nossa realidade observada. A complementaridade nos ensina que a realidade quântica transcende nossas categorias clássicas e exige uma lógica mais sutil, que abrace o paradoxo.

Essa dança quântica entre onda e partícula, essa complementaridade de opostos aparentes, reverbera profundamente com insights de diversas tradições espirituais e filosóficas. O símbolo do Yin e Yang no Taoísmo, por exemplo, representa a interação dinâmica de forças opostas (feminino/masculino, escuridão/luz, passivo/ativo) que, juntas, formam um todo equilibrado e completo. Uma não existe sem a outra; elas se definem mutuamente e se transformam uma na outra. A dualidade onda-partícula pode ser vista como um reflexo dessa sabedoria ancestral no coração da matéria: a realidade fundamental não é feita de oposições rígidas, mas de polaridades complementares que se integram em uma unidade maior. O paradoxo não é um sinal de erro, mas talvez um vislumbre da natureza mais profunda das coisas.

Além disso, a dualidade onda-partícula e o experimento da dupla fenda sugerem fortemente que nossa percepção da realidade não é passiva, mas ativa. A realidade que se manifesta parece depender da perspectiva do observador, do tipo de interação que estabelecemos com ela. O que procuramos influencia o que encontramos. Isso ecoa ensinamentos espirituais que enfatizam o poder da mente e da intenção na moldagem da experiência. "A realidade é um reflexo da percepção", dizem alguns mestres. Se focarmos nos aspectos divisivos e limitantes (como observar a partícula em uma única fenda), talvez experimentemos uma realidade fragmentada. Se nos abrirmos para a possibilidade de interconexão e potencialidade (permitindo que a onda se manifeste), talvez possamos acessar uma realidade mais fluida e unificada.

Finalmente, podemos usar a dualidade onda-partícula como uma poderosa metáfora para nossa própria natureza. Assim como um elétron pode ser, paradoxalmente, uma partícula localizada e uma onda espalhada, talvez nós também sejamos seres duais. Temos um aspecto de partícula: nosso corpo físico, localizado no espaço e no tempo, sujeito às leis da biologia e da física clássica. Mas talvez também tenhamos um aspecto de onda: nossa consciência, nossa energia vital, nosso espírito, que pode não estar estritamente confinado aos limites do corpo, que pode se estender, conectar-se, vibrar em ressonância com o campo universal. Somos, talvez, simultaneamente matéria e espírito, forma e potencialidade, indivíduo e parte do todo. A física quântica, ao nos mostrar essa dualidade no coração da matéria, nos convida a reconhecer e abraçar a complexidade e a riqueza de nossa própria existência como seres "onda-partícula", pontes entre o visível e o invisível, o finito e o infinito. A aceitação desse paradoxo interior pode ser um passo fundamental em nossa jornada de integração e autoconhecimento.

Capítulo 7
Incerteza Quântica

A jornada pelo território quântico nos confronta repetidamente com a inadequação de nossa intuição clássica. A energia vem em pacotes discretos, matéria e luz dançam entre os estados de onda e partícula, e a própria realidade parece responder à maneira como a observamos. Como se não bastasse, a revolução quântica nos presenteou com mais um princípio fundamental que abala nossas noções de ordem e previsibilidade: o Princípio da Incerteza. Formulado pelo físico alemão Werner Heisenberg em 1927, ele estabelece um limite fundamental e intransponível para a precisão com que podemos conhecer certas propriedades de uma partícula quântica simultaneamente. Longe de ser uma mera limitação técnica de nossos instrumentos de medição, a incerteza revela uma característica intrínseca, uma espécie de "nevoeiro" fundamental tecido na própria estrutura da realidade subatômica.

O princípio de Heisenberg afirma especificamente que existe uma relação inversa entre a precisão com que podemos determinar pares de propriedades complementares (ou conjugadas) de uma partícula. O par mais famoso é posição e momento (que é a massa multiplicada pela velocidade, indicando para onde e com que rapidez a partícula está se movendo). Quanto mais precisamente determinamos a posição de uma partícula quântica, como um elétron, menos precisamente podemos saber seu momento, e vice-versa. Se soubermos exatamente onde o elétron está *agora*, teremos uma incerteza fundamental sobre para onde ele está indo. Se soubermos exatamente para onde ele está indo (seu momento), não poderemos saber com precisão absoluta onde ele está localizado. Há um limite mínimo para o produto das incertezas dessas duas grandezas, um limite imposto pela própria natureza, representado pela constante de Planck (um número extremamente pequeno, mas não zero). O mesmo se aplica a outros pares de variáveis conjugadas, como energia e tempo.

Inicialmente, o próprio Heisenberg tentou explicar essa incerteza através de um experimento mental envolvendo um microscópio de raios gama. Para "ver" um elétron e determinar sua posição com alta precisão, seria necessário usar luz de comprimento de onda muito curto (como raios gama). No entanto, os fótons de raios gama são muito energéticos e, ao colidirem com o elétron para revelar sua posição, inevitavelmente transfeririam uma quantidade imprevisível de momento para ele, alterando sua velocidade de forma incontrolável. Isso sugeria que o próprio ato de medir perturbava o sistema de maneira fundamental, introduzindo a incerteza. Essa interpretação, focada na perturbação causada pela medição, foi útil, mas hoje entendemos que a incerteza quântica tem uma raiz ainda mais profunda.

A incerteza não surge apenas porque nossas medições são "desajeitadas". Ela reflete uma propriedade intrínseca da natureza quântica das partículas. Antes de uma medição, uma partícula quântica como um elétron não *possui* simultaneamente uma posição e um momento bem definidos, no sentido clássico. Ela existe em um estado de superposição, uma combinação de múltiplas possibilidades, descrita pela função de onda. A função de onda não é uma imagem da partícula em si, mas sim uma representação matemática de seu estado potencial, um campo de probabilidades espalhado pelo espaço. Ela contém informações sobre as probabilidades de encontrar a partícula em diferentes posições ou com diferentes momentos, caso uma medição seja realizada. A incerteza inerente expressa pelo princípio de Heisenberg é uma consequência direta dessa natureza ondulatória e probabilística. A partícula não tem propriedades definidas *até* que uma interação (medição) a force a "escolher" um estado particular dentre as possibilidades contidas em sua função de onda, e mesmo assim, essa escolha respeita o limite fundamental de incerteza entre propriedades conjugadas. A realidade quântica é inerentemente "difusa", potencial, indefinida, até o momento da interação.

Essa constatação representou mais um golpe demolidor na visão de mundo determinista da física clássica. Se é impossível, por princípio, conhecer com precisão absoluta o estado presente de uma partícula (sua posição e momento exatos), então torna-se impossível prever com certeza absoluta seu estado futuro. As leis da mecânica quântica nos permitem calcular com grande precisão como a *probabilidade* de encontrar a partícula em diferentes estados evolui ao longo do tempo, mas não podem prever o resultado de uma única medição específica. O universo, em seu nível mais fundamental, não opera como um relógio perfeitamente previsível, mas sim como um jogo cósmico onde o acaso e a probabilidade desempenham um papel irredutível. A natureza parece ter uma espontaneidade, uma liberdade intrínseca, que escapa ao determinismo rígido.

    Essa incerteza fundamental na base da matéria ressoa profundamente com nossa experiência da vida e com reflexões filosóficas e espirituais sobre liberdade e destino. A vida humana é inerentemente incerta. Fazemos planos, mas imprevistos acontecem. O futuro se desdobra de maneiras que muitas vezes nos surpreendem. Talvez essa incerteza que permeia nossa existência não seja apenas uma falha em nossa capacidade de prever ou controlar, mas um reflexo da natureza mais profunda de um universo que é, em si mesmo, fluido e aberto. A incerteza quântica desafia a noção de um futuro completamente predeterminado. Se nem mesmo o comportamento das partículas fundamentais é estritamente fixo, isso abre espaço conceitual para a possibilidade de genuína liberdade, criatividade e novidade no universo. A velha questão do livre-arbítrio versus determinismo ganha uma nova perspectiva. Se o futuro não está escrito em pedra nas leis da física, talvez nossas escolhas conscientes possam realmente influenciar o curso dos eventos. O universo quântico parece menos uma máquina executando um programa pré-definido e mais uma obra de arte em constante criação, um campo de potencialidades se desdobrando. Essa imagem de um cosmos criativo e em aberto alinha-se muito mais com visões espirituais de um universo vivo, evolutivo e permeado por consciência do que com a imagem fria e mecânica do passado.

Mais intrigante ainda, essa "folga" na realidade, essa margem de indeterminação no nível quântico, levanta uma questão fascinante: poderia ser nesse espaço de incerteza que a consciência exerce sua influência? Se os resultados quânticos não são sempre estritamente determinados pelas condições anteriores, mas sim escolhidos dentro de um espectro de probabilidades, o que ou quem influencia essa escolha? Alguns pensadores especulam que a consciência, através da intenção focada ou do próprio ato de observação, poderia atuar sutilmente nesse nível fundamental, talvez "inclinando" as probabilidades em favor de certos resultados. Se a natureza deixa uma porta entreaberta na forma de incerteza, talvez a consciência seja a chave que pode girar a maçaneta, participando ativamente na manifestação da realidade a partir do campo de potencialidades. Essa ideia, embora ainda especulativa e fora do consenso científico principal, fornece uma base conceitual intrigante para explorar fenômenos como o poder da intenção e a manifestação, que discutiremos mais adiante. Ela sugere que a conexão entre mente e matéria pode ocorrer justamente nesse domínio sutil onde a rigidez clássica se dissolve na flexibilidade quântica.

Portanto, o Princípio da Incerteza de Heisenberg não deve ser visto apenas como uma limitação frustrante de nosso conhecimento, mas sim como uma revelação profunda sobre a natureza da realidade. Ele nos diz que o universo, em sua base, não é feito de certezas fixas, mas de potencialidades vibrantes. A incerteza não é um defeito, mas talvez a própria condição para a liberdade, a criatividade e a evolução. Ela substitui a imagem de um universo estático e previsível pela de um cosmos dinâmico, participativo e cheio de possibilidades. Ao abraçar a incerteza, não apenas nos alinhamos com a descrição mais precisa que a ciência tem do mundo subatômico, mas também nos abrimos para uma visão mais esperançosa e empoderadora de nosso próprio papel dentro dessa dança cósmica de energia, consciência e potencial infinito.

Capítulo 8
O Observador

A física clássica nos legou a imagem reconfortante de um observador neutro, um espectador ideal que poderia estudar o universo sem afetá-lo, como alguém assistindo a um filme em uma tela distante. As leis da natureza se desenrolariam da mesma forma, quer estivéssemos olhando ou não. Nossas medições seriam apenas leituras passivas de uma realidade preexistente e independente. Contudo, ao mergulhar nas profundezas do reino quântico, essa imagem familiar se desintegra completamente. A mecânica quântica nos confronta com uma das suas implicações mais desconcertantes e profundas: o observador não é um mero espectador, mas sim um participante ativo, cujo próprio ato de observar parece desempenhar um papel crucial na determinação do que é real. A linha entre quem observa e o que é observado torna-se surpreendentemente tênue.

Relembremos o intrigante experimento da dupla fenda. Quando permitimos que os elétrons viajem da fonte para a tela detectora sem tentar espiar por qual fenda eles passam, eles se comportam como ondas, criando um padrão de interferência que sugere que cada elétron passou por ambas as fendas simultaneamente. No entanto, no momento em que introduzimos um detector para registrar qual fenda cada elétron atravessa, o comportamento muda drasticamente. O padrão de interferência desaparece, e os elétrons se comportam como partículas bem-comportadas, passando por uma fenda ou pela outra, resultando em duas faixas na tela. O resultado final do experimento depende fundamentalmente de *se* e *como* escolhemos observar o sistema. A observação não é um ato passivo de registrar o que está lá; ela parece influenciar ativamente o que *estará* lá. Observar muda o resultado. Este fenômeno, conhecido genericamente como "efeito do observador", não é uma anomalia isolada, mas uma característica central e inescapável do mundo quântico.

Isso nos leva ao cerne do chamado "problema da medição" na mecânica quântica, uma questão que tem assombrado físicos e filósofos por quase um século. O que, exatamente, constitui uma "medição" ou uma "observação" capaz de transformar as potencialidades quânticas (descritas pela função de onda) em uma realidade definida e concreta? Seria qualquer interação física com um sistema macroscópico? Seria a criação de um registro irreversível da informação? Ou, como alguns têm ousado sugerir, seria necessário o envolvimento de uma mente consciente? A teoria quântica padrão descreve a evolução suave e determinista da função de onda (potencialidades) através da equação de Schrödinger, mas postula um segundo tipo de processo, abrupto e probabilístico – o "colapso" da função de onda – que ocorre durante a medição, selecionando um resultado específico. A natureza exata desse colapso e o papel do observador nele permanecem temas de intenso debate e interpretação.

A interpretação de Copenhague, associada principalmente a Niels Bohr e Werner Heisenberg, adota uma postura pragmática e um tanto radical. Para eles, antes que uma medição seja realizada, não faz sentido falar sobre as propriedades de um sistema quântico como se elas tivessem uma existência real e definida. O elétron não *tem* uma posição específica antes de a medirmos; ele existe apenas como uma superposição de possibilidades descrita pela função de onda. É o ato de interagir com o sistema através de um aparato de medição (que, por sua vez, deve ser descrito em termos clássicos) que força a natureza a "escolher" um valor específico dentre as possibilidades, tornando-o real para nós. A realidade, nesse sentido, não é algo que descobrimos passivamente, mas algo que ajudamos a trazer à existência através de nossas perguntas (experimentos) e observações. O mundo quântico é um mundo de potencialidades que se atualizam em realidade concreta no momento da interação observacional.

O renomado físico John Archibald Wheeler levou essa ideia a uma conclusão ainda mais provocativa com seu conceito de um "universo participativo". Wheeler sugeriu que a realidade física e a consciência dos observadores estão ligadas de uma forma muito mais profunda do que imaginamos. Ele usou a analogia de um jogo de "vinte perguntas surpresa", onde uma pessoa sai da sala e as outras escolhem uma palavra. Quando a pessoa retorna e começa a fazer perguntas de sim ou não, as outras respondem consistentemente, mas sem terem escolhido uma palavra específica de antemão – a palavra emerge gradualmente das próprias perguntas feitas e das respostas dadas. Da mesma forma, Wheeler especulou que o universo, em seus primórdios ou mesmo agora em escala quântica, poderia ser indefinido até que atos de observação realizados por participantes conscientes (como nós) o forçassem a assumir formas e histórias definidas. "Nenhuma propriedade é uma propriedade real (registrada) a menos que seja uma propriedade observada", afirmava ele. Nessa visão audaciosa, não somos meros habitantes tardios de um universo preexistente; somos participantes essenciais em um processo contínuo de co-criação da própria realidade. O universo se tornaria real, em certo sentido, porque nós o observamos.

Essa mudança de perspectiva – de espectadores passivos para participantes ativos – representa uma transformação filosófica monumental. Ela desafia a noção de uma separação absoluta entre sujeito e objeto, entre mente e mundo. Se nossas observações ajudam a definir a realidade, então estamos intrinsecamente entrelaçados com o cosmos de uma forma que a física clássica nunca contemplou. Somos parte integrante do sistema que observamos, não entidades externas e isoladas.

Essa ideia de participação consciente na criação da realidade encontra ecos poderosos em inúmeras tradições espirituais e metafísicas. Muitos ensinamentos ancestrais afirmam que nossa consciência não é apenas um espelho passivo do mundo, mas uma força criativa. "O universo é mental", proclama um dos princípios herméticos. "Com nossos pensamentos, criamos o mundo", ensinava Buda. Muitas práticas espirituais se baseiam na premissa de que nossos estados internos – nossas crenças, intenções, emoções, focos de atenção – moldam ativamente a qualidade de nossa experiência e as circunstâncias que encontramos na vida. A sincronicidade, a lei da atração, o poder da oração – todos esses conceitos apontam para uma conexão profunda entre nossa consciência e os eventos do mundo exterior. O efeito do observador na física quântica, embora operando em um nível diferente e ainda não totalmente compreendido em sua relação com a consciência humana, fornece um paralelo científico intrigante e um possível mecanismo subjacente para essas antigas intuições espirituais. Ele sugere que a fronteira entre o "interno" e o "externo" pode ser mais porosa do que pensávamos.

Podemos refletir sobre isso com analogias simples. A velha pergunta filosófica: "Se uma árvore cai na floresta e não há ninguém para ouvir, ela faz barulho?" A física clássica diria que sim, pois as ondas de pressão são geradas no ar independentemente de um ouvido. A perspectiva quântica, levada à sua implicação participativa, poderia sugerir que a própria "qualidade de ser som" (a experiência subjetiva do som) ou talvez até mesmo a definição do evento como "queda de árvore com produção de ondas de pressão" só se torna concreta quando há uma interação, uma observação, um registro. Sem um observador (seja um ouvido humano, um microfone ou outro detector), o evento permanece talvez em um estado de potencialidade. Convidamos você, leitor, a refletir: quantas vezes você notou que seu estado de espírito parece "colorir" o mundo ao seu redor? Quantas vezes uma mudança em sua atitude ou foco pareceu coincidir com uma mudança nas circunstâncias externas? Poderiam essas experiências ser vislumbres de nossa participação quântica na realidade?

Se aceitarmos, mesmo que parcialmente, essa ideia de um universo participativo, isso traz consigo uma implicação importante: a responsabilidade. Se não somos meros espectadores, mas co-criadores, então a qualidade de nossa observação, a natureza de nossa consciência, importa. A forma como olhamos para o mundo, as perguntas que fazemos, as intenções que mantemos – tudo isso pode estar contribuindo para a realidade que se manifesta. Isso ecoa conceitos espirituais de responsabilidade kármica ou a ética de cultivar pensamentos e emoções positivas, não apenas para nosso bem-estar interior, mas talvez para o bem do próprio tecido da realidade que compartilhamos.

Em suma, o papel do observador na mecânica quântica serve como uma ponte fascinante entre o mundo objetivo da física e o mundo subjetivo da consciência. Ele nos mostra que observar não é um ato neutro, mas uma interação dinâmica que participa na definição da própria realidade. Essa compreensão nos desafia a abandonar a postura de vítimas passivas das circunstâncias e a abraçar nosso potencial como agentes conscientes em um universo que parece responder à nossa presença. Quem somos nós, afinal, senão observadores participativos nesta grande dança cósmica? Essa pergunta nos impulsiona a investigar mais a fundo o mecanismo pelo qual a observação parece transformar potencialidade em atualidade, o misterioso processo conhecido como colapso da função de onda.

Capítulo 9
Colapso da Onda

Se o ato de observar parece ter o poder de transformar a natureza fantasmagórica e probabilística do mundo quântico na realidade concreta que experimentamos, surge inevitavelmente a pergunta: como exatamente isso acontece? Qual é o mecanismo por trás dessa transição mágica da potencialidade para a atualidade? A mecânica quântica descreve esse processo através do conceito de "colapso da função de onda" (ou redução do vetor de estado), um dos aspectos mais debatidos e filosoficamente carregados de toda a teoria. É aqui, na fronteira entre o possível e o real, que a conexão entre o universo físico e a consciência se torna particularmente intrigante e controversa.

Primeiro, precisamos aprofundar nossa compreensão do estado quântico antes da medição. Como mencionado, uma partícula ou sistema quântico, quando não está sendo observado ou interagindo de forma a definir suas propriedades, existe em um estado de *superposição*. Isso significa que ele não está em um único estado definido (como "aqui" ou "ali", "girando para cima" ou "girando para baixo"), mas sim em uma combinação de todos os estados possíveis simultaneamente, cada um com uma certa probabilidade associada. A função de onda é a descrição matemática dessa superposição, contendo todas as potencialidades do sistema. Não é que a partícula *esteja* em um lugar definido e nós simplesmente não saibamos onde; a própria propriedade de ter uma posição definida não existe para a partícula naquele momento. Ela está, literalmente, em um estado de potencialidade múltipla. Imagine uma moeda girando no ar antes de cair: enquanto está girando, ela não é nem cara nem coroa, mas uma mistura potencial de ambas. A superposição quântica é uma versão ainda mais fundamental dessa indefinição.

  Então, o que acontece no momento da medição? De acordo com a interpretação padrão da mecânica quântica, o ato de medir uma propriedade específica do sistema (sua posição, seu momento, seu spin) causa um evento abrupto e descontínuo: a função de onda "colapsa". Toda a superposição de possibilidades desaparece instantaneamente, e apenas *um* dos resultados possíveis se manifesta como o estado real e observável do sistema. Qual resultado específico emergirá em uma única medição é intrinsecamente probabilístico – as chances são dadas pela própria função de onda (mais especificamente, pelo quadrado de sua amplitude) – mas, uma vez que a medição é feita, o sistema "salta" para aquele estado particular. A indefinição dá lugar à definição; a potencialidade se concretiza em atualidade. O elétron que era uma nuvem de probabilidade agora tem uma posição detectada; o átomo que estava em superposição de decaído e não decaído agora é encontrado em um desses dois estados.

Para ilustrar o quão bizarra essa ideia pode parecer, especialmente quando extrapolada do mundo microscópico para o nosso mundo cotidiano, o físico Erwin Schrödinger concebeu seu famoso experimento mental do Gato de Schrödinger, por volta de 1935. Imagine um gato trancado em uma caixa de aço, junto com um dispositivo infernal: um contador Geiger contendo uma minúscula quantidade de substância radioativa, tão pequena que talvez, no decorrer de uma hora, um átomo decaia, mas com igual probabilidade, talvez nenhum decaia. Se um átomo decair, o contador o detecta e aciona um relé que libera um martelo, quebrando um pequeno frasco de ácido cianídrico, um veneno mortal. Se nenhum átomo decair, nada acontece e o gato permanece vivo. A questão é: qual é o estado do gato *antes* de abrirmos a caixa e olharmos, após uma hora ter se passado? Segundo a lógica quântica, o átomo radioativo, por não ter sido observado, está em uma superposição de "decaído" E "não decaído". Se o estado do átomo está em superposição, então todo o sistema acoplado a ele – o detector, o martelo, o veneno e, consequentemente, o próprio gato – também deveria estar em uma superposição. O gato estaria simultaneamente *vivo E morto* até que alguém abra a caixa e realize uma observação, colapsando a função de onda do sistema inteiro para um dos dois estados definidos: gato vivo ou gato morto.

É importante notar que Schrödinger não propôs esse cenário por acreditar que gatos macroscópicos pudessem realmente existir nesse estado paradoxal. Ele o fez para destacar o que considerava um absurdo nas implicações da interpretação de Copenhague quando aplicada a sistemas grandes. Onde e como termina a superposição quântica e começa a realidade clássica definida que experimentamos? O Gato de Schrödinger dramatiza o problema da medição e a questão do colapso da função de onda de forma inesquecível.

Mas a pergunta persiste: o que, afinal, causa o colapso? Aqui, as interpretações divergem radicalmente, e entramos em um território onde a física toca a metafísica. Uma linha de pensamento busca explicações puramente físicas, objetivas, para o colapso, sem invocar a consciência. Teorias de *colapso objetivo* propõem que a função de onda colapsa espontaneamente sob certas condições físicas, talvez relacionadas ao tamanho ou complexidade do sistema, ou talvez devido a novas leis físicas ainda não descobertas. Outra abordagem popular é a da *decoerência ambiental*. Ela argumenta que um sistema quântico nunca está verdadeiramente isolado; ele interage constantemente com seu ambiente (moléculas de ar, fótons de fundo, etc.). Essas interações fazem com que a informação sobre a superposição do sistema se "vaze" rapidamente para o ambiente de forma emaranhada e irrecuperável, fazendo com que o sistema *pareça* ter colapsado para um observador local, mesmo que a superposição ainda exista no sistema combinado (sistema + ambiente). A decoerência explica por que não vemos superposições macroscópicas como o gato de Schrödinger em nosso mundo cotidiano, mas não resolve completamente o problema fundamental de por que obtemos *um* resultado específico em vez de outro em uma medição.

Outra linha de interpretação, muito mais controversa mas profundamente intrigante, sugere que a *consciência* desempenha um papel essencial e irredutível no colapso da função de onda. Físicos notáveis como John von Neumann e Eugene Wigner exploraram essa possibilidade. Eles argumentaram que a cadeia de medição (partícula -> detector -> computador -> olho do cientista -> cérebro do cientista) poderia, em princípio, ser descrita pela própria mecânica quântica, permanecendo em superposição até atingir o ponto final: a consciência subjetiva do observador. Seria a mente consciente, por sua natureza não redutível à física conhecida, o agente final que seleciona uma possibilidade e a torna real. Nessa visão, conhecida como "Consciousness Causes Collapse" (CCC), o universo permaneceria em um estado de potencialidade múltipla até que uma mente consciente o observasse, forçando a realidade a se definir. Embora essa hipótese não seja amplamente aceita pela comunidade científica mainstream (devido à dificuldade de testá-la e às suas implicações filosóficas radicais), ela permanece como uma possibilidade fascinante na fronteira entre física e filosofia da mente.

 Independentemente de qual interpretação esteja correta (ou se a resposta é algo completamente diferente), a dinâmica quântica de superposição e colapso oferece uma metáfora poderosa para nossa própria vida e nosso poder de escolha. Podemos pensar em nosso futuro não como um caminho único e predeterminado, mas como um vasto campo de potencialidades, uma "função de onda" de possibilidades de vida. Cada encruzilhada, cada decisão consciente que tomamos, pode ser vista como um ato de "medição" que "colapsa" esse campo de potencialidades em uma trajetória específica. Nossa atenção focada, nossas intenções claras, nossas crenças profundas – tudo isso poderia ser análogo ao ato de observação quântica, selecionando e atualizando certas realidades em detrimento de outras. Se a realidade fundamental é feita de possibilidades esperando para serem atualizadas pela interação, talvez nossa consciência seja a ferramenta mais poderosa que temos para participar ativamente desse processo de criação. A ideia espiritual de que "criamos nossa própria realidade" através de nossos pensamentos e escolhas encontra um eco surpreendente na forma como a física quântica descreve a emergência da realidade concreta a partir do mundo potencial. O colapso da função de onda, longe de ser apenas um conceito abstrato da física, pode ser um vislumbre do próprio mecanismo pelo qual a consciência e o universo dançam juntos na criação da experiência momento a momento.

Capítulo 10
Não-Localidade

Se os conceitos de quantização, dualidade onda-partícula e incerteza já nos pareceram desafiadores para a intuição clássica, a mecânica quântica nos reserva uma surpresa ainda mais radical, uma propriedade que parece violar nossas noções mais fundamentais sobre espaço, tempo e causalidade: a não-localidade. O princípio da localidade, profundamente enraizado em nossa experiência cotidiana e na física clássica, afirma que um objeto só pode ser influenciado diretamente por seu ambiente imediato. Para que A afete B, é preciso que haja algum tipo de interação física viajando de A para B através do espaço, seja uma colisão, uma força ou uma onda, e essa influência não pode viajar mais rápido que a velocidade da luz. A não-localidade quântica desafia essa premissa, sugerindo que eventos em locais diferentes podem estar conectados de forma instantânea, correlacionados de uma maneira que transcende as limitações espaciais, como se a distância entre eles simplesmente não importasse.

Essa ideia era tão perturbadora que até mesmo Albert Einstein, um dos pais fundadores da revolução quântica, sentiu-se profundamente incomodado por ela. Em 1935, juntamente com seus colegas Boris Podolsky e Nathan Rosen, Einstein publicou um famoso artigo apresentando o que ficou conhecido como o paradoxo EPR. Eles imaginaram um cenário envolvendo um par de partículas criadas juntas de tal forma que seus estados estivessem intrinsecamente ligados – um fenômeno que hoje chamamos de *entrelaçamento quântico* (ou emaranhamento). Por exemplo, poderíamos ter um par de partículas cujo spin total seja zero, de modo que se uma tiver spin "para cima", a outra obrigatoriamente terá spin "para baixo", e vice-versa. A mecânica quântica afirma que, antes da medição, nenhuma das partículas tem um spin definido; ambas estão em uma superposição de "cima" e "baixo". Agora, imagine que separamos essas duas partículas entrelaçadas por uma distância enorme, talvez anos-luz. Se medirmos o spin da partícula A e descobrirmos que ele é "para cima", a teoria quântica prevê que saberemos *instantaneamente* que o spin da partícula B é "para baixo", mesmo que B esteja do outro lado da galáxia.

Para Einstein, Podolsky e Rosen, essa conexão instantânea à distância era inaceitável. Parecia violar o limite de velocidade cósmico estabelecido pela própria teoria da relatividade de Einstein, que afirma que nenhuma informação ou influência pode viajar mais rápido que a velocidade da luz. Se medir A realmente *causasse* o estado de B instantaneamente, isso seria uma "ação fantasmagórica à distância" ("spukhafte Fernwirkung", na famosa expressão de Einstein). Eles argumentaram que a mecânica quântica deveria estar incompleta. Deveria haver alguma "variável oculta", alguma propriedade predeterminada localmente em cada partícula desde o momento de sua criação, que determinasse o resultado da medição, e a correlação observada seria apenas o reflexo dessas instruções pré-existentes, não uma influência instantânea. Aparentemente, a mecânica quântica descrevia uma conexão mais profunda do que a realidade permitia.

Por décadas, o paradoxo EPR permaneceu mais como um debate filosófico sobre a interpretação da mecânica quântica do que como uma questão experimentalmente verificável. Isso mudou drasticamente nos anos 1960, quando o físico norte-irlandês John Bell desenvolveu um teorema matemático brilhante. O Teorema de Bell (e suas generalizações, conhecidas como desigualdades de Bell) forneceu uma maneira de testar experimentalmente se a realidade opera de acordo com o princípio da localidade e das variáveis ocultas preferido por Einstein, ou se as conexões não-locais previstas pela mecânica quântica são reais. Bell mostrou que, sob certas condições experimentais envolvendo partículas entrelaçadas, qualquer teoria baseada em variáveis ocultas locais preveria um limite máximo para as correlações entre as medições feitas nas partículas separadas. A mecânica quântica, por outro lado, previa correlações mais fortes, que violariam esse limite (as desigualdades de Bell). A natureza teria que escolher: ou Einstein estava certo (localidade e realismo), ou a mecânica quântica estava certa (não-localidade).

A resposta experimental veio de forma contundente nas décadas seguintes, culminando nos experimentos pioneiros do físico francês Alain Aspect e sua equipe no início dos anos 1980. Eles realizaram testes sofisticados medindo as propriedades (polarização) de pares de fótons entrelaçados que eram enviados em direções opostas para detectores distantes. Os resultados foram inequívocos: as correlações observadas entre os fótons violavam consistentemente as desigualdades de Bell, exatamente como previsto pela mecânica quântica. Experimentos subsequentes, com tecnologias ainda mais avançadas e fechando possíveis brechas, confirmaram repetidamente esses resultados. A conclusão é inescapável: a "ação fantasmagórica à distância" de Einstein é real. A natureza, em seu nível mais fundamental, é não-local.

O que isso significa? Primeiro, é importante esclarecer o que a não-localidade *não* significa. Embora as correlações entre partículas entrelaçadas sejam instantâneas, acredita-se que elas não podem ser usadas para transmitir informação clássica (como uma mensagem) mais rápido que a luz. O resultado de cada medição individual em uma das partículas permanece intrinsecamente aleatório; é apenas na comparação posterior dos resultados de ambas as partículas que a correlação não-local se revela. Portanto, a não-localidade não parece violar o princípio da causalidade da relatividade no sentido de permitir comunicação instantânea controlada.

No entanto, as implicações filosóficas e conceituais da não-localidade são imensas. Ela nos diz que o universo não é uma coleção de objetos isolados interagindo apenas com seus vizinhos imediatos. Existe um nível mais profundo de realidade onde a separação espacial perde seu significado absoluto. Partes de um sistema que interagiram no passado podem permanecer conectadas como um todo unificado, não importa quão distantes estejam. A não-localidade sugere um universo intrinsecamente holístico, interconectado, onde a noção de partes separadas é, em certo sentido, uma ilusão superficial. O tecido da realidade parece ter conexões ocultas que transcendem o espaço e o tempo como os concebemos classicamente.

Essa descoberta científica de uma interconexão fundamental que desafia a distância ressoa de maneira extraordinária com um dos temas centrais de praticamente todas as tradições espirituais e místicas da humanidade: a ideia de Unidade, de que "tudo está interligado". Desde os ensinamentos védicos sobre Brahman (a realidade única subjacente a toda a manifestação) e o Budismo sobre a interdependência de todos os fenômenos, até as visões de místicos cristãos sobre o Corpo Místico de Cristo e as filosofias indígenas que veem uma teia de vida conectando todos os seres, a percepção intuitiva de uma unidade fundamental para além das aparências sempre esteve presente. A não-localidade quântica oferece, pela primeira vez, um vislumbre científico dessa profunda interconexão.

Além disso, a não-localidade abre um espaço conceitual para considerarmos fenômenos que parecem operar para além das limitações físicas conhecidas. Experiências como telepatia (a aparente comunicação direta de mente para mente, sem meios sensoriais conhecidos), a sensação de saber que um ente querido distante está em perigo, ou a alegada eficácia da oração ou intenção de cura à distância – tudo isso parece menos implausível em um universo que admite conexões não-locais. Não se trata de dizer que a física quântica *prova* esses fenômenos, pois os mecanismos (se existirem) são desconhecidos e provavelmente envolvem a complexidade da consciência de formas que ainda não compreendemos. No entanto, a não-localidade demonstra que a própria natureza opera de maneiras que desafiam a separação espacial, tornando a possibilidade de conexões sutis entre consciências ou entre mente e matéria à distância um pouco menos "fantasiosa" do ponto de vista científico.

Em última análise, a não-localidade quântica nos convida a abandonar a ilusão da separatividade. Ela nos mostra que a ideia de sermos indivíduos isolados, confinados em nossos corpos e separados do resto do universo, pode ser apenas uma perspectiva limitada. Em um nível mais profundo, talvez estejamos todos intrinsecamente conectados, partes de um mesmo todo indivisível. Reconhecer essa interconexão fundamental, agora sugerida não apenas pela intuição espiritual mas também pelas descobertas da física de vanguarda, pode ter implicações profundas em como nos relacionamos uns com os outros e com o planeta. A não-localidade é uma janela para um universo mais unido, mais misterioso e mais mágico do que jamais imaginamos, um universo onde a distância pode não ser a barreira final que pensávamos.

Capítulo 11
Entrelaçamento Quântico

A não-localidade, essa conexão fantasmagórica que desafia a distância, não é uma propriedade vaga ou genérica do universo quântico. Ela emerge de um fenômeno específico, talvez o mais misterioso e contraintuitivo de todos os descobertos pela física moderna: o entrelaçamento quântico (ou emaranhamento, do inglês *entanglement*). Se a não-localidade nos diz *que* existem conexões instantâneas, o entrelaçamento nos mostra *como* essas conexões se estabelecem e persistem, revelando um nível de interconexão na natureza que beira o inconcebível. É um conceito que levou Einstein a questionar a completude da teoria quântica e que continua a fascinar e intrigar cientistas e filósofos, ao mesmo tempo que ressoa profundamente com antigas intuições espirituais sobre a unidade fundamental da existência.

O que é, então, o entrelaçamento? Em essência, ele ocorre quando duas ou more partículas quânticas interagem de tal maneira que seus destinos se tornam intrinsecamente ligados, não importando quão distantes elas venham a ficar depois. Elas deixam de poder ser descritas como entidades individuais com seus próprios estados quânticos independentes. Em vez disso, passam a constituir um único sistema unificado, descrito por uma única função de onda compartilhada. É como se, após a interação inicial, elas perdessem sua individualidade e se tornassem partes inseparáveis de um todo maior. A característica crucial desse estado entrelaçado é a correlação perfeita e instantânea entre as propriedades das partículas.

Vamos revisitar o exemplo dos spins. Podemos criar pares de partículas (como elétrons ou fótons) de forma que o spin total do par seja zero. Isso significa que, se medirmos o spin de uma partícula em uma determinada direção e o encontrarmos "para cima", o spin da outra partícula, medido na mesma direção, será *obrigatoriamente* "para baixo", e vice-versa. Antes da medição, nenhuma das partículas tem um spin definido; ambas estão em superposição. Mas seus estados potenciais estão perfeitamente correlacionados pela lei de conservação do spin total. Quando medimos uma delas, forçando-a a "escolher" um estado (por exemplo, "para cima"), a outra partícula, instantaneamente e sem qualquer comunicação aparente, "sabe" que deve manifestar o estado oposto ("para baixo"), mesmo que esteja a anos-luz de distância. Elas agem em uníssono, como se fossem uma única entidade respondendo à medição.

Para tentar tornar essa ideia um pouco mais palpável, podemos usar algumas analogias, embora nenhuma seja perfeita. Imagine um par de moedas "mágicas" que, ao serem lançadas simultaneamente, estão entrelaçadas de forma que sempre cairão em lados opostos. Se você pegar uma moeda, viajar para outra cidade, e ao chegar lá verificar que ela deu "cara", você saberá instantaneamente que a outra moeda, na cidade original, deu "coroa". A correlação é perfeita e a informação sobre a outra moeda é obtida instantaneamente ao observar a sua. Outra analogia, embora limitada porque envolve propriedades predefinidas, é a das luvas: se alguém coloca uma luva esquerda em uma caixa e uma luva direita em outra, embaralha as caixas e envia uma para Tóquio e outra para São Paulo, no momento em que o destinatário em Tóquio abre sua caixa e encontra a luva esquerda, ele sabe instantaneamente que a caixa em São Paulo contém a luva direita. O entrelaçamento quântico é semelhante a essa correlação, mas mais profundo, pois as propriedades (como o spin ou a polarização) não estão definidas *antes* da medição; elas emergem no ato da medição, mas ainda assim de forma perfeitamente coordenada entre as partículas distantes. As "partículas gêmeas" dos experimentos de Alain Aspect, que confirmaram a não-localidade, respondiam em uníssono às medições de polarização, como se estivessem ligadas por um fio invisível que transcende o espaço.

Essa conexão estabelecida pelo entrelaçamento parece ser robusta e duradoura. Uma vez entrelaçadas, as partículas permanecem conectadas como parte de um sistema único, não importa quanto tempo passe ou quão longe viajem, até que uma interação subsequente (como uma medição ou interação com o ambiente) quebre esse vínculo delicado. Isso desafia nossa concepção de objetos como entidades independentes que existem isoladamente no espaço. O entrelaçamento sugere que a individualidade pode ser secundária a uma conexão mais fundamental.

É crucial reiterar que, apesar da instantaneidade das correlações, o entrelaçamento não parece permitir a transmissão de informação útil (como uma mensagem codificada) mais rápido que a luz. O resultado de uma medição em uma única partícula do par entrelaçado continua sendo aleatório. Somente quando comparamos os resultados obtidos em ambos os locais (o que requer comunicação clássica, limitada pela velocidade da luz) é que a correlação "mágica" se revela. Portanto, não há violação da causalidade como a entendemos na relatividade. O entrelaçamento não é sobre comunicação, mas sobre *correlação* – uma coordenação intrínseca e não-local no comportamento da natureza, um nível oculto de ordem que opera além de nossas noções habituais de espaço e tempo. É como se as partículas entrelaçadas estivessem lendo a mesma partitura musical invisível, tocando suas notas em perfeita harmonia e tempo, mesmo estando em palcos diferentes e sem comunicação aparente. Ou como dois ponteiros de um relógio cósmico perfeitamente sincronizado, movendo-se em uníssono apesar de serem peças distintas.

As ressonâncias espirituais e filosóficas do entrelaçamento são vastas e profundas. Ele oferece uma metáfora científica poderosa para a experiência humana de conexão profunda que parece transcender a distância física. A sensação intuitiva que uma mãe tem sobre o filho distante, a conexão quase telepática entre gêmeos idênticos ou almas gêmeas, a sensação de unidade sentida em momentos de amor profundo ou compaixão – poderiam essas experiências ser reflexos, em nível macroscópico e consciente, de um princípio de entrelaçamento operando em níveis mais sutis da existência? Se partículas elementares podem manter um vínculo tão íntimo através do espaço, talvez nossas consciências, que emergem dessa mesma base quântica, também compartilhem conexões invisíveis que ainda estamos começando a compreender.

Além disso, o entrelaçamento reforça a ideia espiritual de uma origem comum e uma unidade subjacente. Se todo o universo emergiu de um estado inicial extremamente denso e quente no Big Bang, então todas as partículas que hoje constituem galáxias, estrelas, planetas e nós mesmos estiveram, em algum momento, em íntima proximidade e interação. Poderíamos especular que, em algum nível fundamental, ainda carregamos um vestígio desse entrelaçamento primordial? Seríamos todos, de certa forma, "poeira de estrelas entrelaçada", compartilhando laços invisíveis que nos conectam uns aos outros e ao cosmos como um todo? Essa perspectiva científica confere uma nova dimensão à antiga sabedoria de que "somos todos um".

O entrelaçamento quântico nos convida a contemplar a natureza da realidade com um profundo senso de admiração e mistério. Ele sugere que o universo é muito mais interligado, não-local e holístico do que nossa percepção cotidiana nos permite ver. Se partículas que interagiram uma vez podem permanecer conectadas para sempre, como fios invisíveis tecendo a tapeçaria cósmica, isso nos leva a questionar a própria natureza da separação. Talvez a distância seja uma ilusão, e a conexão seja a realidade fundamental. Talvez nossas próprias consciências estejam entrelaçadas de maneiras que mal começamos a imaginar, participando de uma rede vasta e invisível de informação e influência que permeia todo o universo. O estudo do entrelaçamento não é apenas sobre física de partículas; é sobre desvendar a natureza da própria conexão e da unidade que pode estar no coração de tudo que existe.

Capítulo 12
Unidade Cósmica

À medida que avançamos em nossa exploração da realidade sob a ótica da física quântica e da espiritualidade, os conceitos que encontramos – a natureza energética da matéria, o mistério participativo da consciência, a superação da separação entre matéria e espírito, as conexões instantâneas da não-localidade e os laços indissolúveis do entrelaçamento – começam a convergir para uma imagem central, uma verdade profunda que ressoa tanto nas equações dos físicos quanto nas palavras dos místicos: a Unidade Cósmica. A ideia de que o universo, apesar de sua aparente diversidade e vastidão, é fundamentalmente um todo interconectado, uma única entidade indivisível, emerge não como uma especulação poética, mas como uma conclusão cada vez mais inescapável.

A noção de separação, tão central para nossa experiência cotidiana e para a física clássica, perde sua solidez quando confrontada com os fenômenos quânticos. Se partículas que interagiram podem permanecer instantaneamente correlacionadas através de vastas distâncias, como demonstra o entrelaçamento, então o espaço físico não representa mais uma barreira absoluta. A distância não quebra a conexão fundamental. Isso sugere que a ideia de objetos como entidades completamente independentes e isoladas pode ser uma aproximação útil para o mundo macroscópico, mas não reflete a natureza mais profunda da realidade. Em algum nível fundamental, as "partes" do universo parecem estar em comunicação constante, respondendo umas às outras como se fossem membros de um mesmo corpo cósmico. A separação espacial torna-se, então, mais uma aparência do que uma realidade última.

Essa interconexão fundamental encontra um eco poderoso na própria história do universo, conforme descrita pela cosmologia moderna. A teoria do Big Bang nos diz que todo o cosmos observável, com seus bilhões de galáxias e trilhões de estrelas, emergiu de um estado inicial de densidade e temperatura inimagináveis, um ponto de singularidade onde toda a matéria e energia estavam concentradas. Tudo o que existe hoje – cada átomo em seu corpo, cada raio de luz viajando pelo espaço, cada planeta distante – compartilha essa origem comum. Estivemos todos, em um passado remoto, intimamente unidos. Poderia o entrelaçamento quântico ser uma espécie de "memória" dessa unidade primordial, um vestígio da conexão original que ainda persiste apesar da expansão do universo? A própria história cósmica parece sussurrar uma narrativa de unidade fundamental por baixo da diversidade aparente.

A ideia de que o todo é mais do que a soma das partes, e que as partes só podem ser compreendidas em relação ao todo, é conhecida como *holismo*. Embora a ciência tenha sido historicamente mais reducionista (tentando entender os sistemas quebrando-os em seus componentes menores), a perspectiva holística tem ganhado cada vez mais relevância em diversas áreas. Na física, pensadores como David Bohm propuseram modelos onde o universo opera holograficamente, com cada parte contendo informação sobre o todo, e onde existe uma "ordem implicada" subjacente que guia a manifestação da realidade explícita (exploraremos isso mais adiante). A própria Teoria Quântica de Campos descreve a realidade fundamental não em termos de partículas isoladas, mas de campos contínuos e interconectados que permeiam todo o espaço-tempo, com as partículas sendo meras excitações locais desses campos. Na biologia, a ecologia nos mostra que nenhum organismo existe isoladamente; cada ser vivo é parte de uma intrincada teia de relações e interdependências que definem o ecossistema. A saúde da floresta depende da interação entre árvores, fungos, insetos, animais e o solo. O cérebro humano, com sua capacidade de gerar consciência, pensamento e emoção, é outro exemplo de holismo: essas propriedades emergem da interação coordenada de bilhões de neurônios, não residindo em nenhuma célula individual. A própria natureza parece operar segundo princípios holísticos.

Essa visão de um universo interconectado e holístico, que a ciência moderna começa a delinear através de suas descobertas e modelos, encontra uma confirmação extraordinária na sabedoria perene das tradições espirituais e místicas da humanidade. Talvez nenhuma outra ideia seja tão universalmente compartilhada entre as diversas buscas espirituais quanto a da Unidade fundamental. No Hinduísmo,

Brahman é a Realidade Última, a Consciência Cósmica indiferenciada da qual tudo emana e para a qual tudo retorna; *Atman*, a alma individual, é, em essência, idêntico a Brahman ("Tat Tvam Asi" – Tu És Aquilo). No Budismo, os conceitos de *Shunyata* (vazio) e *Pratītyasamutpāda* (origem dependente) apontam para a ausência de existência inerente e separada; todos os fenômenos surgem em interdependência mútua, como nós em uma vasta rede (a Rede de Indra). No Taoísmo, o *Tao* é o princípio uno e inefável que flui através de toda a natureza. Nas tradições abraâmicas, místicos judeus (Cabalá), cristãos (como Meister Eckhart, que falava da "centelha da alma" sendo una com Deus) e muçulmanos (sufis como Rumi, que cantava a dissolução do eu no Amado universal) descreveram experiências extáticas de fusão com o Divino, onde a ilusão da separação se desfazia em uma percepção avassaladora de Unidade. A linguagem varia, os símbolos mudam, mas a mensagem central é constante: somos todos um.

    Essa experiência de unidade não está confinada aos místicos do passado. Um exemplo contemporâneo poderoso é o "Overview Effect" (Efeito da Visão Geral), relatado por muitos astronautas e cosmonautas ao observarem a Terra do espaço. Ver nosso planeta como uma esfera azul e branca, vibrante e viva, flutuando na imensidão escura do cosmos, frequentemente induz um profundo deslocamento cognitivo. As fronteiras políticas desaparecem, os conflitos humanos parecem absurdos, e surge uma sensação avassaladora de pertencimento a uma única humanidade e a um único sistema planetário interconectado e frágil. Essa experiência transforma a perspectiva de muitos astronautas, inspirando um profundo senso de responsabilidade global e uma conexão quase espiritual com o planeta e com a vida. O Overview Effect demonstra como uma mudança literal de perspectiva pode catalisar uma percepção direta da unidade que muitas vezes nos escapa em nossa visão terrestre e fragmentada.

Assim, testemunhamos uma convergência notável. A física de vanguarda, através da não-localidade, do entrelaçamento e de modelos cosmológicos e de campos, aponta para um universo que é fundamentalmente interconectado e holístico. A sabedoria espiritual perene, baseada em milênios de exploração interior e experiência mística, afirma categoricamente a Unidade como a verdade última da existência. A ciência, com sua linguagem de matemática e experimento, e a espiritualidade, com sua linguagem de intuição e experiência direta, parecem estar chegando, por caminhos diferentes, a uma mesma conclusão fundamental sobre a natureza do cosmos.

Reconhecer essa Unidade Cósmica tem implicações transformadoras para nossa vida. Se estamos todos intrinsecamente conectados, se a separação é uma ilusão, então a maneira como tratamos os outros e o mundo ao nosso redor se torna um reflexo direto de nossa compreensão da realidade. A empatia, a compaixão, a cooperação e o cuidado com o meio ambiente deixam de ser meros ideais éticos e se tornam imperativos pragmáticos, alinhados com a estrutura fundamental do universo. Ferir o outro, em última análise, é ferir a si mesmo, pois não há um "outro" verdadeiramente separado. Cultivar o amor e a conexão torna-se a forma mais natural e inteligente de viver em um universo unificado. A percepção da unidade dissolve o medo baseado na ilusão da separação e abre espaço para a confiança, a colaboração e a celebração da diversidade dentro da unidade.

Em conclusão, a Unidade Cósmica emerge como uma mensagem central tecida através dos fios da física quântica e da tapeçaria da espiritualidade. Não somos fragmentos isolados flutuando em um vazio indiferente, mas sim expressões individualizadas de um único Todo interconectado e vibrante. Somos ondas no mesmo oceano cósmico. Abraçar essa verdade profunda não apenas expande nossa compreensão intelectual, mas também tem o potencial de curar nossa sensação de alienação e nos reconectar com nossa verdadeira natureza e nosso lugar sagrado no grande esquema da existência. Essa percepção da unidade prepara o terreno para investigarmos a natureza do próprio campo que conecta tudo, o substrato energético e informacional do qual essa unidade emerge.

Capítulo 13
Campo Unificado

A percepção crescente de uma Unidade Cósmica, sustentada tanto pelas descobertas da física quântica quanto pela sabedoria espiritual milenar, nos leva a uma pergunta fundamental: qual é a natureza do substrato que conecta tudo? Se o universo não é uma coleção de partes isoladas, mas um todo interdependente e não-local, o que constitui esse tecido conjuntivo? O que é essa realidade fundamental da qual emergem a matéria, a energia e talvez a própria consciência? A resposta, tanto na vanguarda da ciência quanto no coração da metafísica, parece apontar na direção de um Campo Unificado – um campo de energia e informação primordial que permeia todo o espaço e tempo, servindo como a matriz da qual toda a existência se manifesta.

Desde os primórdios da física moderna, tem havido um impulso profundo em direção à unificação, uma busca incessante pelo "Santo Graal" da física: uma Teoria do Campo Unificado ou uma Teoria de Tudo (Theory of Everything - ToE). O objetivo dessa busca é encontrar um único quadro conceitual, um conjunto único de princípios ou uma única entidade fundamental (o Campo Unificado) que possa descrever todas as forças e partículas da natureza de maneira coesa.

Atualmente, conhecemos quatro forças fundamentais: a gravidade (que governa os planetas e galáxias), o eletromagnetismo (responsável pela luz, eletricidade, magnetismo e química) e as forças nucleares forte e fraca (que operam dentro do núcleo atômico). A busca pela unificação visa mostrar que essas quatro forças aparentemente distintas são, na verdade, diferentes aspectos ou manifestações de uma única força ou campo primordial, especialmente sob as condições de altíssima energia que prevaleceram nos primeiros momentos do universo.

O próprio Albert Einstein dedicou as últimas décadas de sua vida a essa busca, tentando unificar a gravidade (descrita por sua Teoria da Relatividade Geral) com o eletromagnetismo, embora sem sucesso completo na época. Hoje, a busca continua com teorias altamente sofisticadas e matematicamente complexas, como a Teoria das Cordas e sua extensão, a Teoria-M. Essas teorias postulam que as partículas fundamentais que observamos (elétrons, quarks, fótons, etc.) não são pontos adimensionais, mas sim minúsculas cordas ou membranas vibrando em múltiplas dimensões espaciais (além das três que percebemos). Os diferentes modos de vibração dessas cordas corresponderiam às diferentes partículas e forças. Embora ainda não comprovadas experimentalmente, essas teorias representam a esperança atual mais promissora de realizar o sonho de Einstein de uma descrição unificada da natureza, sugerindo que, em seu nível mais fundamental, tudo é feito da mesma "substância" vibracional.

Independentemente do sucesso final dessas teorias específicas, o quadro conceitual dominante na física de partículas atual já é baseado na ideia de campos. A Teoria Quântica de Campos (QFT), que fundamenta o Modelo Padrão da física de partículas, descreve a realidade não como um conjunto de partículas discretas se movendo no vazio, mas como um conjunto de campos quânticos que permeiam todo o espaço-tempo. Existe um campo eletrônico, um campo de quarks, um campo eletromagnético (cujas excitações são os fótons), e assim por diante. As partículas que detectamos em nossos experimentos são vistas como excitações locais, quantizadas, desses campos subjacentes – como ondas ou ondulações na superfície de um vasto oceano. Nessa visão, o campo é a realidade mais fundamental, e as partículas são manifestações transitórias de sua energia. O universo inteiro é um complexo interjogo desses campos quânticos interpenetrantes e interagentes.

Essa visão de um universo baseado em campos tem implicações profundas para nossa compreensão do próprio espaço "vazio". Segundo a QFT, o vácuo quântico não é realmente vazio; ele é um estado de energia mínima, mas fervilhante de atividade. Pares de partículas e antipartículas virtuais constantemente surgem e desaparecem em flutuações quânticas, numa dança incessante regida pelo Princípio da Incerteza. O vácuo possui uma energia inerente, conhecida como Energia de Ponto Zero, que permeia todo o cosmos. O espaço não é um palco passivo, mas sim um meio dinâmico, um *plenum* energético que serve como o substrato para a existência dos campos e partículas.

Poderia esse vácuo quântico energético ser, em si mesmo, o Campo Unificado ou a manifestação de um campo ainda mais fundamental?

Essa imagem científica de um campo energético e informacional subjacente a toda a realidade encontra paralelos extraordinários em conceitos espirituais e metafísicos de diversas culturas. Muitas tradições falam de uma *Matriz Divina*, uma *Mente de Deus*, um *Substrato Cósmico* ou um *Éter* primordial que permeia e sustenta toda a criação. Nessa visão, Deus ou a Fonte Última não é apenas um criador externo, mas a própria substância inteligente e energética do universo. Tudo o que existe seria uma modificação, uma vibração ou um pensamento dentro dessa Mente ou Campo Cósmico onipresente. A separação entre criador e criação, ou entre matéria e espírito, dissolve-se nessa perspectiva monista.

Alguns pensadores contemporâneos têm buscado explicitamente conectar esses conceitos. O filósofo da ciência Ervin Laszlo, por exemplo, propôs a ideia do "Campo Akáshico" (ou Campo-A), inspirando-se no termo sânscrito *Akasha*, que nas tradições védicas representa o éter ou espaço primordial, considerado o repositório de todas as memórias e informações do universo (os Registros Akáshicos). Laszlo postula a existência de um campo fundamental de informação na natureza, um campo subjacente ao vácuo quântico, que conectaria tudo não-localmente e armazenaria um registro de tudo o que já aconteceu. Esse campo seria a base para a coerência do universo, a evolução da vida e fenômenos de consciência como a intuição e a sincronicidade. Embora especulativa, a hipótese do Campo Akáshico ilustra a tentativa de construir pontes entre a linguagem da física de campos e a sabedoria esotérica sobre um registro universal de informação.

Podemos, então, visualizar o universo através de uma metáfora poderosa: um vasto e infinito oceano de energia inteligente ou consciência primordial – o Campo Unificado. Tudo o que percebemos no mundo físico – galáxias, estrelas, planetas, seres vivos, nossos próprios corpos e mentes – seriam como ondas, redemoinhos, correntes ou padrões de interferência emergindo momentaneamente desse oceano fundamental. Não somos entidades separadas flutuando nesse oceano, mas sim manifestações do próprio oceano. Cada um de nós é uma onda, única em sua forma e expressão, mas feita da mesma água que todas as outras ondas e que o próprio oceano em sua totalidade. Nossa individualidade é real em um nível, mas nossa identidade mais profunda reside nessa unidade subjacente do Campo.

A ideia de um Campo Unificado, portanto, serve como um poderoso conceito integrador. Ela representa o ponto de convergência onde a busca científica pela unidade fundamental das leis físicas encontra a intuição espiritual de uma Realidade Una subjacente a toda a manifestação. Esse campo onipresente, energético e potencialmente informacional, oferece uma base plausível para compreendermos a interconexão profunda revelada pela não-localidade e pelo entrelaçamento. Ele pode ser o meio através do qual a consciência interage com a matéria e através do qual informações e influências se propagam de maneiras que desafiam nossa compreensão clássica. Ao nos vermos não apenas como partes conectadas *dentro* do universo, mas como expressões *do* próprio Campo fundamental que *é* o universo, nosso senso de pertencimento, participação e potencial se expande imensamente. Somos ondas conscientes na vastidão do oceano cósmico do ser.

Capítulo 14
Campos Morfogenéticos

Nossa exploração da unidade cósmica e da possibilidade de um Campo Unificado subjacente nos leva a considerar se, além dos campos de força bem estabelecidos pela física (gravitacional, eletromagnético, nuclear), poderiam existir outros tipos de campos na natureza, talvez mais sutis, responsáveis por organizar a matéria e transmitir informação de maneiras que ainda não compreendemos completamente. Essa é uma fronteira onde a ciência convencional muitas vezes hesita, mas onde pensadores ousados propõem ideias que, embora controversas, ressoam profundamente com uma visão mais holística e interconectada da realidade. Um dos exemplos mais notáveis e instigantes dessa linha de pensamento é a teoria dos Campos Morfogenéticos, proposta pelo biólogo e bioquímico britânico Rupert Sheldrake.

A hipótese central de Sheldrake, desenvolvida ao longo de várias décadas, desafia um dos dogmas centrais da biologia moderna: a ideia de que a forma, o desenvolvimento e o comportamento dos organismos vivos são determinados exclusivamente pelos genes (DNA) e pelas interações físico-químicas entre suas moléculas. Sheldrake argumenta que essa visão é incompleta. Ele postula a existência de *campos morfogenéticos* (literalmente, "campos que geram a forma"), um tipo específico de *campo mórfico* (campo de forma ou padrão). Esses campos não seriam campos de energia no sentido físico usual, mas sim campos de informação imateriais, porém reais, que atuariam como projetos ou moldes invisíveis, guiando o desenvolvimento dos embriões, a regeneração de tecidos, a formação de cristais e até mesmo a organização de comportamentos e hábitos. Cada tipo de sistema na natureza – seja um elétron, um átomo de hidrogênio, uma molécula de água, uma célula, uma planta de samambaia, um pássaro ou uma sociedade humana – teria seu próprio campo mórfico característico, contendo a informação coletiva sobre sua estrutura e comportamento.

Como esses campos exerceriam sua influência? Sheldrake propõe um mecanismo chamado *ressonância mórfica*. A ideia é que formas ou padrões semelhantes estabelecem uma conexão através do espaço e do tempo por meio dessa ressonância. Cada organismo individual "sintoniza" o campo mórfico de sua espécie, recebendo informações sobre como se desenvolver e se comportar, com base na forma e no comportamento de membros anteriores da mesma espécie. Ao mesmo tempo, cada indivíduo contribui para o campo coletivo com sua própria experiência, reforçando ou modificando ligeiramente os padrões existentes. Isso cria uma espécie de *memória coletiva da natureza*, onde os hábitos e as formas aprendidas ou estabelecidas no passado influenciam o presente através da ressonância mórfica.

Quanto mais um padrão se repete (por exemplo, quanto mais ratos aprendem a navegar em um labirinto específico, ou quanto mais uma substância química cristaliza de uma certa maneira), mais forte se torna seu campo mórfico e mais fácil se torna para futuros sistemas do mesmo tipo adotarem aquele padrão. A ressonância mórfica não dependeria da proximidade física ou de mecanismos de transferência de informação conhecidos, operando de forma não-local.

Sheldrake apresenta uma série de observações e evidências experimentais (muitas das quais geraram debate e controvérsia na comunidade científica) para apoiar sua hipótese. Um exemplo frequentemente citado envolve experimentos de aprendizagem em ratos. Estudos realizados ao longo de décadas em diferentes laboratórios (como os de William McDougall em Harvard) pareciam indicar que gerações sucessivas de ratos aprendiam a navegar em labirintos ou a escapar de tanques de água cada vez mais rapidamente, mesmo quando não havia possibilidade de herança genética ou aprendizagem social direta. Sheldrake interpreta isso como evidência de ressonância mórfica: a aprendizagem dos ratos anteriores criava um campo de hábito que facilitava a aprendizagem dos ratos subsequentes em qualquer lugar do mundo. Outro exemplo intrigante é o fenômeno da cristalização: químicos frequentemente observam que novas substâncias sintéticas, inicialmente difíceis de cristalizar, tendem a cristalizar com mais facilidade em laboratórios ao redor do mundo ao longo do tempo, como se a "informação" sobre como formar o cristal se espalhasse misteriosamente. Sheldrake sugere que a formação do primeiro cristal cria um novo campo mórfico, que então facilita a formação de cristais semelhantes em outros lugares via ressonância mórfica. Ele também aplica sua teoria para explicar comportamentos instintivos complexos em animais (como a construção de ninhos por pássaros ou a organização de colônias de cupins) e até mesmo fenômenos humanos como memórias coletivas, arquétipos culturais e a sensação de "membros fantasmas" após amputações (o campo mórfico do membro persistiria).

É importante reconhecer que a teoria dos campos mórficos e da ressonância mórfica permanece fora do paradigma científico dominante. Críticos apontam para a falta de evidências experimentais conclusivas e replicáveis que isolem inequivocamente o efeito da ressonância mórfica de outras explicações possíveis (como fatores ambientais sutis, dicas sensoriais ou análise estatística inadequada). Além disso, o mecanismo exato pelo qual esses campos imateriais interagiriam com a matéria física e como a ressonância ocorreria através do espaço e do tempo permanece obscuro e não se encaixa facilmente nos modelos físicos conhecidos. Por essas razões, a teoria de Sheldrake é frequentemente vista com ceticismo ou rejeitada pela maioria dos cientistas.

No entanto, independentemente de seu status científico final, a teoria de Sheldrake é extremamente valiosa em nosso contexto por servir como uma poderosa ponte conceitual entre a ciência e a espiritualidade. Suas ideias, embora formuladas em uma linguagem que busca ser científica (campos, ressonância, informação), ecoam de maneira notável conceitos encontrados em tradições espirituais e psicológicas profundas. A ideia de uma memória coletiva acessível a todos os membros de uma espécie ou grupo ressoa fortemente com o conceito de *Inconsciente Coletivo* proposto pelo psicólogo suíço Carl Gustav Jung. Jung postulou que, além do inconsciente pessoal (derivado das experiências individuais), existe uma camada mais profunda da psique, compartilhada por toda a humanidade, contendo *arquétipos* – padrões universais de imagens e símbolos herdados de nossos ancestrais, que se manifestam em mitos, sonhos e comportamentos. A ressonância mórfica de Sheldrake oferece um mecanismo hipotético para a existência e transmissão desse inconsciente coletivo.

Da mesma forma, a ideia de campos mórficos como repositórios de informação que moldam a forma e o comportamento encontra um paralelo direto na noção esotérica dos *Registros Akáshicos*. Como mencionado anteriormente, Akasha é visto como um campo de informação universal, uma "biblioteca cósmica" que contém o registro de tudo o que já ocorreu, está ocorrendo e potencialmente ocorrerá. Os campos mórficos de Sheldrake poderiam ser interpretados como "arquivos" específicos dentro desse vasto campo akáshico, contendo os projetos e as memórias de cada tipo de sistema na natureza. A teoria também se alinha com visões espirituais que postulam a existência de corpos energéticos sutis ou padrões vibracionais que servem como matrizes para a forma física e a saúde.

Assim, a teoria dos campos morfogenéticos, mesmo sendo controversa, nos ajuda a imaginar *como* a interconexão e a transmissão de informação para além dos meios físicos conhecidos poderiam operar. Ela fornece uma linguagem semi-científica para explorar ideias intuitivas sobre memória coletiva, influência à distância e a existência de princípios organizadores invisíveis na natureza – ideias que são familiares e centrais para muitas visões de mundo espiritualistas. Ela nos encoraja a questionar se o universo material é realmente tudo o que existe, ou se ele está imerso e sendo guiado por campos sutis de informação e forma. Ao fazê-lo, a teoria de Sheldrake, como outras "ciências de fronteira", desafia os limites do paradigma atual e nos convida a considerar uma realidade mais rica, mais misteriosa e mais interligada, onde a memória do passado reverbera no presente através de campos ressonantes invisíveis, tecendo mais um fio na complexa tapeçaria da unidade cósmica.

Capítulo 15
Consciência Coletiva

Se campos de informação como os campos mórficos podem conectar membros de uma espécie através da ressonância, compartilhando hábitos e formas para além do contato direto, poderiam nossas próprias mentes, nossas consciências, estar interligadas de maneira semelhante? A ideia de que as consciências individuais não são ilhas isoladas, mas sim partes de um oceano maior, formando uma Mente Grupal ou Consciência Coletiva, é outra noção profunda que encontramos tanto na psicologia de vanguarda quanto em antigas tradições espirituais. Ela sugere que, para além de nossa experiência pessoal, participamos de um reservatório compartilhado de pensamentos, sentimentos e memórias que nos une em níveis sutis e muitas vezes inconscientes.

O pioneiro mais célebre a explorar cientificamente essa ideia foi o psicólogo suíço Carl Gustav Jung. Ao analisar os sonhos, mitos e símbolos de seus pacientes e de diversas culturas ao redor do mundo, Jung percebeu a recorrência surpreendente de certos temas e imagens universais que não podiam ser explicados apenas pela experiência pessoal do indivíduo. Isso o levou a postular a existência, para além do inconsciente pessoal (contendo nossas memórias esquecidas e experiências reprimidas), de uma camada mais profunda e universal da psique: o *Inconsciente Coletivo*. Jung o descreveu como um reservatório compartilhado por toda a humanidade, herdado biologicamente ou psiquicamente, contendo os *arquétipos* – padrões primordiais de experiência e comportamento, como o Herói, a Mãe, o Velho Sábio, a Sombra, a Anima/Animus. Esses arquétipos funcionariam como matrizes energéticas que moldam nossa percepção, nossas emoções e nossas narrativas de vida, emergindo espontaneamente em nossos sonhos, fantasias e nas grandes histórias culturais (mitos, contos de fadas, religiões). O Inconsciente Coletivo seria a base psíquica comum que explica por que certas histórias e símbolos têm um poder tão universal e por que pessoas em culturas distantes podem ter sonhos ou visões com temas notavelmente semelhantes. Para Jung, conectar-se conscientemente com esse nível profundo da psique era essencial para o processo de individuação e autoconhecimento.

A ideia de uma mente compartilhada pode ser estendida para além das estruturas herdadas do inconsciente coletivo junguiano. Alguns pensadores propõem que grupos de pessoas conectadas – seja uma família, uma comunidade, uma nação ou mesmo toda a humanidade – podem criar ou participar de um campo mental comum *em tempo real*. O padre jesuíta e paleontólogo francês Pierre Teilhard de Chardin, por exemplo, introduziu o conceito de *Noosfera* (do grego *nous*, mente). Ele via a evolução não apenas em termos biológicos (a Biosfera, a esfera da vida), mas também em termos de consciência. A Noosfera seria uma "esfera do pensamento", uma camada planetária de consciência e informação coletiva que emerge da interação das mentes humanas, envolvendo o globo terrestre. Para Teilhard, a evolução estaria caminhando para uma complexificação e unificação crescentes dessa Noosfera, culminando em um "Ponto Ômega" de consciência planetária unificada.

Embora esses conceitos possam parecer abstratos, podemos encontrar indícios e exemplos que sugerem a operação de alguma forma de consciência ou mente coletiva em nosso mundo. Considere o fenômeno da descoberta ou invenção simultânea: ao longo da história, houve numerosos casos em que avanços científicos importantes (como o cálculo infinitesimal por Newton e Leibniz) ou inovações tecnológicas ocorreram de forma independente e quase ao mesmo tempo em diferentes partes do mundo, por pessoas que não tinham contato entre si. É como se a ideia estivesse "madura" no campo coletivo, "no ar", pronta para ser captada por mentes receptivas. Outro exemplo, embora mais anedótico e cientificamente controverso, é o chamado "Efeito do Centésimo Macaco", uma história popularizada sobre macacos em ilhas japonesas que supostamente teriam aprendido a lavar batatas-doces; uma vez que um número crítico de macacos (o "centésimo") aprendeu o truque em uma ilha, o comportamento teria se espalhado rapidamente para macacos em outras ilhas sem contato físico aparente. Mesmo que a veracidade factual dessa história específica seja questionável, ela captura a imaginação popular porque ilustra a ideia intrigante de uma aprendizagem coletiva não-local.

Mais palpável talvez seja a experiência subjetiva de conexão sentida durante grandes eventos globais. Em momentos de tragédia compartilhada (como desastres naturais ou ataques terroristas), celebração coletiva (como eventos esportivos mundiais) ou esforço conjunto (como meditações globais pela paz), milhões de pessoas podem sentir uma união mental e emocional que parece transcender fronteiras. Será que essa atenção e emoção focadas coletivamente criam um campo de consciência real e mensurável?

Essa questão levou a investigações científicas fascinantes, como o *Projeto Consciência Global* (Global Consciousness Project - GCP), iniciado na Universidade de Princeton. O GCP mantém uma rede de Geradores de Números Aleatórios (Random Number Generators - RNGs) espalhados pelo mundo. Esses dispositivos eletrônicos são projetados para produzir sequências de números verdadeiramente aleatórias, como jogar uma moeda eletrônica milhões de vezes. A hipótese do projeto é que, se existe uma consciência coletiva global, momentos de grande coerência mental ou emocional compartilhada pela humanidade poderiam afetar sutilmente o funcionamento desses dispositivos, fazendo com que seus resultados se desviem do acaso esperado de forma estatisticamente significativa. Ao longo de mais de duas décadas de coleta de dados, o GCP relatou ter encontrado correlações notáveis entre desvios significativos da aleatoriedade e a ocorrência de grandes eventos mundiais que capturaram a atenção e a emoção de milhões de pessoas (como o 11 de Setembro, tsunamis, eleições importantes, celebrações de Ano Novo). Embora a interpretação desses resultados seja complexa e objeto de debate científico (pois correlação não implica necessariamente causalidade direta), os dados do GCP oferecem um indício intrigante de que a consciência coletiva pode não ser apenas um conceito abstrato, mas talvez uma força real capaz de interagir sutilmente com o mundo físico.

Essa ideia de uma mente coletiva com poder real encontra paralelos diretos em conceitos espirituais e esotéricos. Um exemplo é a noção de *egrégora* (ou egrégoro), frequentemente encontrada em tradições ocultistas. Uma egrégora é descrita como uma entidade psíquica autônoma, uma forma-pensamento coletiva criada e sustentada pela energia mental e emocional focada de um grupo de pessoas unidas por um propósito ou crença comum (como uma ordem religiosa, uma sociedade secreta, uma nação ou até mesmo uma torcida de futebol). Acredita-se que as egrégoras podem adquirir uma espécie de vida própria e influenciar os membros do grupo e até mesmo eventos no mundo, podendo ter natureza positiva ou negativa dependendo da intenção e da energia que as alimenta. A crença generalizada no poder amplificado da oração em grupo, da meditação coletiva ou dos rituais comunitários também se baseia na ideia de que a união de mentes e corações focados em um mesmo propósito gera um campo de força ou influência muito maior do que a soma das partes individuais.

Se a existência de uma consciência coletiva, seja ela o Inconsciente Coletivo de Jung, a Noosfera de Teilhard, o campo sugerido pelo GCP ou as egrégoras espirituais, for real, as implicações são profundas. Isso significaria que não estamos apenas conectados em um nível fundamental de ser (como sugerido pela unidade cósmica), mas também em um nível mental e psíquico contínuo. Nossos pensamentos, emoções e estados de consciência individuais não seriam assuntos puramente privados; eles contribuiriam para a "atmosfera mental" coletiva, influenciando e sendo influenciados por ela. Isso nos confere uma responsabilidade compartilhada pela qualidade dessa consciência coletiva. Medo, ódio, ganância e divisão em massa poderiam criar egrégoras tóxicas ou "poluir" a Noosfera, enquanto compaixão, cooperação, perdão e busca pela verdade em massa poderiam elevá-la e curá-la.

Mais do que isso, a conscientização dessa interconexão mental nos abre a possibilidade de passar de participantes inconscientes a *colaboradores conscientes* na evolução da consciência planetária. Ao compreendermos que fazemos parte de uma mente maior, podemos escolher intencionalmente alinhar nossos pensamentos e ações com os mais altos ideais de amor, sabedoria e unidade. Podemos nos unir a outros em meditações focadas, projetos colaborativos e movimentos sociais que visem elevar a vibração coletiva e manifestar um futuro mais positivo para todos. A ideia de uma consciência coletiva nos lembra que a transformação individual e a transformação global estão intrinsecamente ligadas. Ao curarmos e elevarmos a nós mesmos, contribuímos para a cura e elevação do todo. Somos, potencialmente, neurônios na mente emergente da humanidade, co-criando a realidade não apenas individualmente, mas como um coletivo interconectado.

Capítulo 16
Mente Não Local

Nossa jornada nos levou a contemplar um universo fundamentalmente energético, permeado por uma consciência misteriosa, onde a realidade parece responder à observação e onde conexões instantâneas podem ligar partículas através do espaço. Exploramos a ideia de campos de informação e a possibilidade de uma consciência coletiva unindo mentes. Essas ideias convergem para uma questão ainda mais radical e pessoal: poderia a *nossa própria* mente individual operar para além dos limites físicos de nosso cérebro e corpo? Seria a consciência, essa luz interior que nos anima, estritamente confinada à matéria cinzenta dentro de nosso crânio, ou ela possuiria a capacidade de alcançar, perceber e talvez até influenciar o mundo de maneiras não-locais, transcendendo as barreiras do espaço físico?

A visão científica predominante, baseada na neurociência, tende a localizar a mente firmemente no cérebro. A consciência é vista como um produto da atividade neuronal complexa, e qualquer experiência ou influência mental deve, em última análise, ser mediada por processos físicos que ocorrem dentro do corpo e interagem com o ambiente através dos sentidos conhecidos. No entanto, existem fenômenos relatados e investigados que parecem desafiar essa visão estritamente local da mente. Esses fenômenos, frequentemente agrupados sob o termo "psi" (do grego *psyche*, mente ou alma), são o objeto de estudo da parapsicologia, um campo de pesquisa que opera nas fronteiras da ciência convencional, investigando sistematicamente as evidências de interações mente-matéria ou mente-mente que parecem inexplicáveis pelos mecanismos físicos atualmente compreendidos.

Um dos fenômenos psi mais conhecidos é a *telepatia*, definida como a aparente transferência direta de pensamentos, sentimentos ou imagens de uma mente para outra, sem o uso de canais sensoriais ou de comunicação conhecidos. Embora muitas experiências anedóticas de telepatia possam ser explicadas por coincidência, dicas sutis ou inferência lógica, pesquisadores desenvolveram protocolos experimentais para testar sua existência sob condições controladas. O mais famoso e rigoroso desses protocolos é o experimento *Ganzfeld* (campo total, em alemão). Nesse procedimento, um "receptor" é colocado em um estado de leve privação sensorial (com fones de ouvido emitindo ruído branco e metades de bolas de pingue-pongue sobre os olhos sob luz vermelha) para minimizar distrações externas e internas. Em outra sala isolada, um "emissor" concentra-se em uma imagem ou videoclipe selecionado aleatoriamente (o "alvo"). O receptor descreve em voz alta quaisquer impressões, pensamentos ou imagens que lhe vêm à mente. No final da sessão, o receptor recebe quatro opções (o alvo real e três chamarizes) e tenta identificar qual delas corresponde melhor às suas impressões. Ao longo de décadas e centenas de experimentos realizados em diversos laboratórios, meta-análises (análises estatísticas que combinam os resultados de múltiplos estudos) têm consistentemente relatado um índice de acerto pequeno, porém estatisticamente significativo, acima dos 25% esperados pelo acaso. Embora o tamanho do efeito seja modesto, sua persistência sugere que algo mais do que sorte pode estar em jogo.

Outra categoria de fenômeno psi é a *clarividência* ou *visão remota*, a aparente capacidade de obter informações sobre objetos, pessoas ou eventos distantes no espaço, sem o uso dos sentidos normais. A visão remota (VR) emergiu como um conjunto específico de protocolos, inicialmente desenvolvidos e pesquisados com financiamento do governo dos EUA para fins de inteligência nas décadas de 1970 e 1980, em instituições como o Stanford Research Institute (SRI). Nesses experimentos, um "visualizador", isolado e sem conhecimento do alvo, tenta descrever ou desenhar impressões sobre um local geográfico distante, selecionado aleatoriamente, que pode estar sendo visitado por um "agente" ou simplesmente definido por coordenadas. Juízes independentes, que também não conhecem o alvo real, comparam as descrições do visualizador com um conjunto de locais possíveis (o alvo e alguns chamarizes) e tentam encontrar a correspondência correta. Novamente, estudos rigorosos e meta-análises relataram taxas de sucesso estatisticamente significativas, indicando que os visualizadores conseguiam obter informações precisas sobre os alvos com uma frequência maior do que o acaso permitiria. Pesquisadores pioneiros como J.B. Rhine, na Universidade de Duke em meados do século XX, já haviam realizado extensos experimentos com adivinhação de cartas (testando tanto telepatia quanto clarividência) que também apontavam para efeitos estatísticos anômalos. Pesquisadores contemporâneos, como Dean Radin, continuam a investigar esses fenômenos com metodologias sofisticadas, argumentando que o peso acumulado das evidências estatísticas, apesar de frequentemente ignorado ou descartado pela ciência mainstream, sugere fortemente a realidade de alguma forma de percepção não-local.

Como poderiam esses fenômenos ocorrer? Se a mente está estritamente confinada ao cérebro, como ela poderia enviar ou receber informações à distância sem um meio físico conhecido? Aqui, a estranheza da física quântica, particularmente a não-localidade e o entrelaçamento, oferece uma analogia intrigante e uma base especulativa. Se partículas subatômicas podem permanecer conectadas instantaneamente através do espaço, poderiam processos quânticos ocorrendo nos cérebros de duas pessoas permitir que suas mentes se tornem, de alguma forma, "entrelaçadas", facilitando uma conexão telepática? Poderia a clarividência envolver a mente acessando informações não-localmente diretamente do campo quântico fundamental, talvez aquele "Campo Akáshico" de informação universal que discutimos? É crucial enfatizar que essas são, por enquanto, apenas hipóteses especulativas. Um dos maiores desafios é explicar como os delicados efeitos quânticos poderiam sobreviver e operar de forma coerente no ambiente quente, úmido e complexo do cérebro – um problema conhecido como o desafio da "decoerência". No entanto, a simples existência comprovada da não-localidade no nível físico fundamental torna a possibilidade de uma mente não-local menos *fisicamente impossível* do que se pensava anteriormente. O universo quântico demonstra que conexões que transcendem o espaço são parte da realidade.

Essa perspectiva encontra uma ressonância profunda com as afirmações de longa data de inúmeras tradições espirituais e esotéricas ao redor do mundo. A ideia de que a mente ou o espírito não está rigidamente preso ao corpo físico é um tema recorrente. Relatos de *projeção astral* ou *experiências fora do corpo* (EFCs), nos quais indivíduos descrevem a sensação de sua consciência deixar o corpo e viajar para locais distantes ou mesmo para outras dimensões de existência, são encontrados em muitas culturas e épocas. Práticas xamânicas frequentemente envolvem jornadas espirituais a "mundos" não-físicos para obter cura ou conhecimento. Textos iogues descrevem *siddhis*, ou poderes psíquicos, que podem ser desenvolvidos através de práticas espirituais avançadas, incluindo a capacidade de perceber eventos distantes ou ler mentes. Embora essas tradições se baseiem principalmente na experiência subjetiva e no testemunho, e não na metodologia científica, é notável a convergência com os fenômenos investigados pela parapsicologia. A pesquisa psi, com seus métodos estatísticos e experimentais, poderia ser vista como uma tentativa de encontrar validação objetiva para capacidades que a humanidade tem intuído ou experienciado subjetivamente por milênios.

Diante dessas evidências e possibilidades, talvez precisemos reconsiderar nossa concepção da mente. Em vez de vê-la estritamente como um processo computacional confinado ao cérebro, poderíamos pensá-la como um *campo de informação* – um campo gerado pela atividade cerebral complexa, mas que talvez não esteja limitado por ela. Esse campo mental poderia se estender para além do corpo físico e, potencialmente, interagir com outros campos mentais ou com um campo de informação universal mais amplo. Nessa visão, fenômenos como telepatia e clarividência não seriam "violações" das leis físicas, mas sim manifestações das propriedades desse campo mental não-local.

Concluir que a mente pode ter aspectos não-locais é um passo radical que desafia profundamente o paradigma materialista predominante. No entanto, as anomalias persistentes relatadas pela pesquisa psi, as possibilidades abertas pela física quântica e a consistência dos relatos espirituais através das eras nos convidam a manter a mente aberta. Se a consciência não está inteiramente presa dentro de nossos crânios, isso redefine fundamentalmente quem somos e como nos relacionamos com o universo. Sugere que podemos estar conectados uns aos outros e ao cosmos de maneiras muito mais profundas e interativas do que a ciência convencional geralmente admite. A possibilidade de uma mente não-local é uma peça crucial no quebra-cabeça da Alma Quântica, apontando para um ser humano com um alcance e um potencial muito maiores do que imaginávamos.

Capítulo 17
Além do Espaço-Tempo

Nossa exploração da mente não local nos mostrou evidências e possibilidades intrigantes de que a consciência pode não estar estritamente confinada ao espaço físico do cérebro, talvez se estendendo e se conectando de maneiras que desafiam a distância. Mas e quanto à outra dimensão fundamental de nossa existência: o tempo? Poderia a consciência, em sua natureza mais profunda, também transcender as barreiras do fluxo linear do tempo que experimentamos em nosso cotidiano? A ideia de que a mente possa ter acesso a informações do futuro (precognição) ou do passado distante (retrocognição) é ainda mais desconcertante do que a telepatia ou a clarividência espacial, pois parece violar a própria estrutura causal do universo, onde a causa sempre precede o efeito. No entanto, tanto relatos anedóticos persistentes quanto algumas linhas de pesquisa científica e insights espirituais sugerem que nossa relação com o tempo pode ser muito mais complexa e fluida do que imaginamos.

Relatos de *precognição* – sonhos que parecem prever eventos futuros, premonições súbitas que se concretizam, ou um conhecimento inexplicável sobre algo que ainda vai acontecer – são surpreendentemente comuns na experiência humana, embora muitas vezes descartados como coincidências ou reconstruções *a posteriori* da memória. Da mesma forma, há relatos de *retrocognição*, onde indivíduos parecem ter acesso a informações detalhadas sobre eventos passados dos quais não poderiam ter conhecimento através de meios normais, como impressões vívidas sobre a história de um lugar antigo ou, mais notavelmente, os casos de crianças que alegam lembrar detalhes de vidas passadas, investigados extensivamente por pesquisadores como o Dr. Ian Stevenson (um tema que abordaremos com mais detalhes posteriormente). Embora controversos, esses relatos sugerem que a mente humana pode, ocasionalmente, espiar para além das fronteiras do presente momento.

    Tentativas de capturar esses efeitos em laboratório têm produzido resultados igualmente intrigantes e debatidos. Uma linha de pesquisa particularmente curiosa investiga o fenômeno do *presentimento*, a ideia de que nosso corpo e mente podem reagir a um evento futuro *antes* que ele ocorra. Em experimentos típicos, voluntários são expostos a uma série de imagens exibidas em ordem aleatória em um computador, algumas emocionalmente neutras e outras altamente emotivas (positivas ou negativas). Enquanto observam as imagens, suas respostas fisiológicas são monitoradas (como condutância da pele, frequência cardíaca ou atividade cerebral). Vários estudos, conduzidos por pesquisadores como Dean Radin e Dick Bierman, relataram um achado surpreendente: em média, as respostas fisiológicas dos participantes começavam a mudar alguns segundos *antes* da apresentação das imagens emocionais, como se o sistema corpo-mente estivesse antecipando o impacto emocional do estímulo futuro. Outro conjunto de estudos controversos, publicados pelo psicólogo social Daryl Bem em 2011, utilizou protocolos de psicologia padrão adaptados para testar a "influência retroativa", encontrando evidências estatísticas de que eventos futuros (como a prática de memorização de palavras *após* um teste de memória) poderiam influenciar o desempenho passado. Embora a replicação desses achados seja um tema de intenso debate na comunidade científica, eles representam um desafio direto à nossa compreensão convencional da causalidade temporal.

Curiosamente, a própria física moderna, que estabeleceu o paradigma da causalidade linear, também oferece indícios de que nossa visão intuitiva do tempo como um fluxo universal e absoluto pode estar incompleta. A Teoria da Relatividade de Einstein demonstrou que o tempo não é absoluto, mas relativo ao observador. A velocidade com que o tempo passa depende da velocidade do observador e da intensidade do campo gravitacional em que ele se encontra. O tempo pode dilatar (passar mais devagar) ou contrair (passar mais rápido) em relação a outro observador. Além disso, a relatividade uniu o espaço e o tempo em um único contínuo quadridimensional chamado *espaço-tempo*. Nesse bloco de espaço-tempo, a distinção entre passado, presente e futuro torna-se menos absoluta, mais parecida com diferentes localizações em um mapa do que com um rio fluindo inexoravelmente em uma única direção.

A noção de "agora" simultâneo para todos os observadores no universo é abandonada.

A mecânica quântica também apresenta cenários que parecem embaralhar nossa noção de sequência temporal. Um exemplo famoso é o experimento de *escolha retardada* (delayed choice), proposto por John Wheeler. Em uma variação do experimento da dupla fenda, a decisão sobre qual propriedade medir – se vamos observar o comportamento de onda (padrão de interferência) ou o comportamento de partícula (informação de qual caminho) – pode ser feita *depois* que a partícula (por exemplo, um fóton) já passou pela barreira com as fendas. Surpreendentemente, o resultado do experimento parece refletir a escolha de medição feita posteriormente. É como se a escolha futura influenciasse a "história" passada da partícula, determinando se ela se comportou como onda ou como partícula ao passar pelas fendas. Experimentos de "apagador quântico" (quantum eraser) são variações ainda mais sofisticadas que reforçam essa aparente retrocausalidade ou, pelo menos, a inadequação de uma narrativa temporal linear simples para descrever eventos quânticos entrelaçados. Esses experimentos não provam a precognição no sentido psíquico, mas demonstram que, no nível quântico fundamental, a relação entre passado, presente e futuro pode ser muito mais sutil e interligada do que a física clássica supunha.

Essa visão de um tempo menos rígido e linear encontra paralelos profundos nas tradições espirituais e místicas. Muitas escolas de pensamento oriental, como o Budismo e o Vedanta, descrevem o tempo linear como parte de *Maya*, a ilusão cósmica, uma construção da mente que nos impede de perceber a realidade última. A verdadeira realidade é frequentemente descrita como um *Eterno Agora*, um presente atemporal que contém em si todas as possibilidades do passado e do futuro. O objetivo de muitas práticas contemplativas é transcender a percepção linear do tempo e repousar nesse Agora eterno, experimentando um estado de presença pura e unidade com o todo. Relatos de experiências místicas profundas frequentemente incluem a sensação de dissolução do tempo, de estar fora do fluxo temporal. Similarmente, pessoas que passaram por Experiências de Quase-Morte (EQMs) muitas vezes descrevem uma "revisão da vida", onde eventos de toda a sua existência são experienciados simultaneamente ou de forma não-linear, sugerindo um ponto de vista fora do tempo cronológico. A crença na reencarnação, presente em muitas culturas, também implica uma consciência (alma) que persiste e viaja através de diferentes épocas e vidas, existindo em uma dimensão que transcende o tempo de uma única encarnação física.

Assim, tanto a física de vanguarda quanto a experiência espiritual profunda parecem convergir para a ideia de que nossa percepção cotidiana do tempo como uma flecha unidirecional e inexorável pode ser limitada. Talvez o tempo seja mais parecido com um panorama ou uma paisagem quadridimensional, e nossa consciência, sob certas condições (seja em estados alterados, através de processos quânticos no cérebro, ou por sua natureza intrínseca), possa ter acesso a informações ou perspectivas que transcendem o "momento presente" linear.

Essa possibilidade nos convida a reconsiderar nossa relação com o tempo. O momento presente, o "Agora", pode ser infinitamente mais rico e profundo do que imaginamos, não apenas um ponto fugaz entre um passado que se foi e um futuro que não chegou, mas talvez um portal para uma realidade atemporal mais ampla. Se a consciência pode, de fato, interagir com a realidade para além das fronteiras não apenas do espaço, mas também do tempo linear, isso expande ainda mais nossa compreensão da natureza não-local e participativa da Alma Quântica. Significa que nosso potencial de percepção, conexão e talvez até influência pode se estender de maneiras que mal começamos a compreender, sugerindo uma participação ainda mais íntima na dança cósmica que se desdobra não apenas no espaço, mas através do próprio tecido do espaço-tempo.

Capítulo 18
Multidimensionalidade

Nossa jornada pela estranheza quântica e pelas profundezas da consciência nos levou a questionar as limitações aparentes do espaço e do tempo. Vimos como a não-localidade e o entrelaçamento sugerem conexões que transcendem a distância física, e como a própria natureza do tempo pode ser mais fluida e menos linear do que nossa experiência cotidiana indica. Agora, ousaremos dar um passo adiante e perguntar: será que a própria estrutura da realidade se limita às três dimensões espaciais (comprimento, largura, altura) e à única dimensão temporal que percebemos? Ou poderia o cosmos ser vastamente mais complexo, abrigando dimensões extras ou até mesmo universos paralelos que coexistem com o nosso, invisíveis aos nossos sentidos, mas talvez acessíveis à consciência ou detectáveis por futuras descobertas científicas?

A ideia de dimensões extras pode soar como pura ficção científica, mas ela surge de forma surpreendentemente natural em algumas das teorias mais avançadas da física fundamental que buscam unificar as leis da natureza. A Teoria das Cordas e sua sucessora, a Teoria-M, por exemplo, que postulam que as partículas fundamentais são na verdade minúsculas cordas ou membranas vibrantes, exigem matematicamente a existência de dimensões espaciais adicionais para serem consistentes. Dependendo da versão da teoria, podem ser necessárias seis, sete ou até mais dimensões extras, além das três que conhecemos. Onde estariam essas dimensões ocultas? A explicação mais comum é que elas seriam "compactificadas", ou seja, enroladas sobre si mesmas em uma escala incrivelmente pequena, muito menor que um átomo (talvez na escala de Planck, a menor escala física significativa). Imagine um fio de jardim: de longe, ele parece unidimensional, apenas uma linha. Mas para uma formiga andando sobre ele, o fio tem uma segunda dimensão circular ao redor de sua circunferência. Da mesma forma, as dimensões extras da teoria das cordas poderiam ser tão pequenas que nós, seres macroscópicos, não as percebemos diretamente em nosso dia a dia, embora elas desempenhem um papel crucial na determinação das propriedades das partículas e das forças fundamentais.

Outra ideia radical que emerge da física teórica, desta vez da própria interpretação da mecânica quântica, é a do *Multiverso* ou a *Interpretação dos Muitos Mundos* (Many-Worlds Interpretation - MWI), proposta por Hugh Everett III em 1957. Confrontado com o problema do colapso da função de onda (por que apenas um resultado se manifesta quando muitos são possíveis?), Everett propôs uma solução elegante, embora estonteante: não há colapso! Em vez disso, *todas* as possibilidades contidas na função de onda quântica se realizam, cada uma em um universo paralelo separado que se ramifica do nosso no momento da medição ou interação quântica. Cada vez que um evento quântico com múltiplos resultados possíveis ocorre (o que acontece o tempo todo, em todos os lugares), o universo se divide em múltiplos universos, um para cada resultado. Existiriam, assim, incontáveis universos paralelos coexistindo com o nosso, alguns quase idênticos, outros radicalmente diferentes, cada um representando um desdobramento diferente da história quântica. Embora essa ideia desafie o senso comum e seja, até o momento, impossível de verificar experimentalmente (pois os universos paralelos, por definição, não interagiriam com o nosso após a divisão), a MWI é considerada uma interpretação séria e matematicamente consistente da mecânica quântica por muitos físicos proeminentes, pois elimina a necessidade do postulado ad hoc do colapso e preserva o determinismo da equação de Schrödinger em um nível mais amplo (o nível do multiverso como um todo).

O fascinante é que essas especulações da física de vanguarda sobre dimensões extras e universos paralelos encontram ecos surpreendentes nas cosmologias e descrições de realidade encontradas em inúmeras tradições espirituais, esotéricas e místicas ao redor do mundo. Muito antes da Teoria das Cordas ou da MWI, diversas culturas descreveram o cosmos não como uma entidade única e monolítica, but como uma estrutura multi-camadas, composta por diferentes *planos de existência, esferas* ou *dimensões*. Modelos teosóficos, gnósticos, cabalísticos e de outras escolas de mistério frequentemente descrevem uma hierarquia de planos que interpenetram o mundo físico, como o plano etérico (associado à energia vital), o plano astral (associado às emoções e aos sonhos, muitas vezes visto como o reino habitado pelas almas após a morte), o plano mental (associado aos pensamentos e ideias) e planos espirituais ainda mais elevados (causal, búdico, átmico). Cada plano seria caracterizado por uma "vibração" ou "substância" mais sutil que a do plano inferior e seria habitado por seres ou consciências apropriados àquele nível de realidade. A ideia é que a realidade física que percebemos é apenas a manifestação mais densa de uma estrutura cósmica muito mais vasta e complexa. Esses planos não estariam necessariamente "acima" ou "abaixo" no espaço físico, mas interpenetrariam nossa realidade, existindo em diferentes "dimensões" ou "frequências" vibracionais.

A sintonia entre essas cosmologias espirituais e as especulações científicas é notável. Poderia o "plano astral" descrito por místicos e projetores astrais ser, de alguma forma, análogo a uma dessas dimensões extras postuladas pela física, ou talvez a um universo paralelo próximo ao nosso, acessível à consciência sob certas condições? Poderiam os "seres de luz" ou "guias espirituais" relatados em experiências de quase-morte ou mediunidade serem habitantes dessas outras dimensões ou planos de existência? Embora seja prematuro e talvez ingênuo traçar equivalências diretas, a ressonância conceitual é inegável e sugere que tanto a ciência quanto a espiritualidade podem estar tateando, de maneiras diferentes, a mesma verdade de uma realidade multidimensional.

Além das descrições cosmológicas, há também relatos de experiências subjetivas que parecem corroborar a ideia de acesso a outras dimensões. Indivíduos que vivenciaram Experiências de Quase-Morte (EQMs) profundas frequentemente descrevem a sensação de deixar o corpo físico e entrar em reinos de luz, paz e conhecimento que parecem radicalmente diferentes de nossa realidade tridimensional, por vezes encontrando parentes falecidos ou seres luminosos. Praticantes de projeção astral ou viagens fora do corpo afirmam ser capazes de explorar conscientemente esses reinos não-físicos. Médiuns e canalizadores alegam se comunicar com inteligências ou consciências que residem nesses outros planos. Mesmo experiências como sonhos lúcidos intensos ou estados visionários induzidos por meditação profunda ou substâncias psicoativas podem, por vezes, dar a sensação vívida de entrar em realidades alternativas coerentes e complexas. Embora a interpretação dessas experiências seja complexa (podendo envolver processos cerebrais, psicológicos e talvez genuinamente transcendentais), elas contribuem para a sensação de que a realidade que percebemos pode ser apenas a ponta do iceberg cósmico.

A possibilidade de multidimensionalidade nos convida a uma profunda humildade e abertura mental. Nossos sentidos evoluíram para nos ajudar a sobreviver em um ambiente físico tridimensional específico, e nossos instrumentos científicos atuais também são limitados em sua capacidade de sondar a realidade. Só porque não vemos, ouvimos ou medimos diretamente outras dimensões ou universos, isso não significa que eles não existam. A matemática, a linguagem fundamental da física, permite e até sugere a existência de espaços com muito mais dimensões do que as três que experimentamos. As tradições espirituais, baseadas na exploração interior da consciência, descrevem consistentemente uma realidade multi-camadas. Talvez a ciência e a espiritualidade estejam nos oferecendo vislumbres complementares de um cosmos cuja vastidão e complexidade superam nossa imaginação atual.

Portanto, a ideia de multidimensionalidade, seja na forma de dimensões espaciais extras, universos paralelos ou planos espirituais vibracionais, expande radicalmente nosso conceito de realidade. Ela sugere que o universo visível pode ser apenas uma membrana ou uma fatia dentro de um "Multiverso" ou "Omniverso" muito maior. Essa perspectiva tem implicações profundas para nossa compreensão da natureza da consciência, da possibilidade de vida após a morte e da jornada da Alma Quântica através de diferentes níveis de existência. Ela nos lembra que somos cidadãos de um cosmos potencialmente infinito em sua criatividade e mistério, convidando-nos a explorar não apenas o universo exterior, mas também as dimensões interiores de nossa própria consciência, que podem ser a chave para acessar essas outras realidades.

Capítulo 19
Universo Holográfico

À medida que nos aprofundamos na natureza interconectada e multidimensional da realidade sugerida pela física quântica e pela exploração da consciência, encontramos uma ideia ainda mais radical e unificadora: a hipótese do Universo Holográfico. Essa perspectiva fascinante propõe que o universo, em sua totalidade ou em aspectos fundamentais de seu funcionamento, pode ser estruturado como um holograma gigantesco. Em um holograma, cada parte individual contém informações sobre o todo, de uma forma que desafia nossa compreensão usual de espaço e informação. Se essa hipótese estiver correta, ela teria implicações profundas para nossa compreensão da realidade, da consciência e da nossa própria natureza intrinsecamente conectada ao cosmos.

Para entender a ideia, primeiro precisamos compreender o que é um holograma. Diferente de uma fotografia comum, que captura uma imagem bidimensional onde cada ponto no filme corresponde a um ponto na cena, um holograma é um registro tridimensional criado pela interferência de feixes de luz laser. Um feixe de laser é dividido: uma parte ilumina o objeto a ser registrado e a luz refletida por ele é direcionada para uma placa fotográfica especial; a outra parte do feixe (o feixe de referência) é direcionada diretamente para a mesma placa. O padrão complexo de interferência entre esses dois feixes é o que fica registrado na placa holográfica. Quando essa placa é posteriormente iluminada por um feixe de laser semelhante ao feixe de referência original, ela recria o campo de luz original do objeto, gerando uma imagem tridimensional que parece flutuar no espaço, com profundidade e paralaxe (a imagem muda conforme o observador move a cabeça). A propriedade mais surpreendente do holograma, no entanto, é a *não-localidade da informação*: se você quebrar a placa holográfica em pedaços, cada pedaço individual, quando iluminado, será capaz de reconstruir a imagem tridimensional inteira (embora com menos detalhes ou clareza do que o holograma completo). A informação sobre o todo está distribuída, de alguma forma, por toda a extensão do filme.

Essa propriedade única dos hologramas inspirou dois pensadores proeminentes, trabalhando independentemente em áreas diferentes, a propor que o universo ou a mente poderiam operar segundo princípios holográficos. O físico David Bohm, um colaborador de Einstein e um dos pensadores mais profundos sobre os fundamentos da mecânica quântica, propôs uma visão da realidade baseada em duas ordens: a *ordem explícita*, que é o mundo manifesto das formas, objetos e eventos separados que percebemos no espaço e no tempo; e a *ordem implicada*, um nível de realidade mais profundo, não manifesto, onde tudo está interconectado e enovelado (enfolded). Para Bohm, a ordem explícita desdobra-se (unfolds) continuamente a partir da ordem implicada, e a ordem implicada está presente em toda parte. Ele usou a analogia de um holograma para descrever essa relação: assim como a imagem 3D (ordem explícita) emerge da placa holográfica (que contém a informação enovelada da ordem implicada), o universo manifesto emerge de um fundo mais fundamental onde tudo está interligado. A separação aparente na ordem explícita seria uma ilusão, pois na ordem implicada, tudo é um.

Paralelamente, o neurocientista Karl Pribram, da Universidade de Stanford, estava lutando para entender como o cérebro armazena memórias. Ele notou que as memórias não parecem estar localizadas em áreas específicas do cérebro; danos cerebrais extensos podem prejudicar a capacidade de recordar, mas raramente apagam memórias específicas completamente. Isso o levou a propor o *modelo holonômico do cérebro*, sugerindo que as memórias não são armazenadas em neurônios individuais, mas sim distribuídas por todo o cérebro (ou grandes regiões dele) na forma de padrões de interferência neuronal, de maneira análoga a um holograma. A percepção também poderia operar holograficamente, com o cérebro processando frequências e padrões do mundo exterior e os transformando em nossa experiência concreta. Quando Bohm e Pribram tomaram conhecimento do trabalho um do outro, perceberam a profunda sinergia entre suas ideias, levando ao desenvolvimento do modelo do "Universo Holográfico Bohm-Pribram", que sugere que o cérebro opera holograficamente para acessar uma realidade que é, em si mesma, holográfica em sua natureza fundamental.

Mais recentemente, e de forma independente, a ideia de um princípio holográfico emergiu de um campo muito diferente da física teórica: o estudo dos buracos negros e a busca por uma teoria quântica da gravidade, especialmente no contexto da Teoria das Cordas. Físicos como Gerard 't Hooft e Leonard Susskind descobriram que a quantidade máxima de informação que pode ser contida dentro de uma região do espaço não é proporcional ao seu volume (como seria de se esperar), mas sim à área de sua superfície limite. Isso é particularmente evidente nos buracos negros, onde se postula que toda a informação sobre o que caiu dentro deles está, de alguma forma, codificada em flutuações quânticas na superfície do horizonte de eventos (a fronteira sem retorno do buraco negro). Essa relação surpreendente entre informação, volume e área levou à formulação do *Princípio Holográfico*: a ideia de que a descrição completa de um sistema físico tridimensional pode ser equivalente a uma teoria quântica operando apenas na fronteira bidimensional desse sistema. Em outras palavras, nossa realidade tridimensional familiar poderia ser, em um sentido fundamental, uma projeção holográfica de informações codificadas em uma superfície distante, talvez nos confins do universo observável. Embora ainda seja uma área de pesquisa ativa e especulativa, o Princípio Holográfico tornou-se uma ideia influente na física teórica, sugerindo que a natureza holográfica da realidade pode ser mais do que apenas uma metáfora.

A ideia de um universo holográfico, onde o todo está contido em cada parte, ressoa de maneira extraordinária com princípios fundamentais encontrados em antigas tradições de sabedoria esotérica e espiritual. A máxima hermética "Assim como é em cima, é embaixo; assim como é embaixo, é em cima", encontrada na Tábua de Esmeralda, expressa sucintamente essa correspondência entre diferentes níveis da realidade. O conceito de *microcosmo e macrocosmo*, presente em muitas culturas, ensina que o ser humano (o microcosmo) é um reflexo em miniatura do universo inteiro (o macrocosmo), contendo dentro de si todos os elementos e leis que governam o cosmos. "Conhece-te a ti mesmo e conhecerás o universo e os deuses", dizia a inscrição no Oráculo de Delfos. Se o universo opera holograficamente, então essa correspondência não é apenas simbólica; cada parte literalmente contém ou reflete a informação do todo. A ideia espiritual da "centelha divina", do "Atman" ou da "natureza búdica" presente em cada ser senciente encontra um modelo plausível no holograma: a essência da Realidade Última (Deus, Brahman, Consciência Cósmica) não está apenas "lá fora", mas também enovelada dentro de cada consciência individual. Somos como gotas d'água, cada uma refletindo em si mesma a imagem inteira do vasto oceano.

A geometria fractal, descoberta pela matemática moderna mas presente intuitivamente na arte e na natureza, oferece outra bela analogia para o princípio holográfico. Fractais são padrões complexos que exibem *autossimilaridade* – a mesma forma básica se repete em escalas cada vez menores. Pense em um floco de neve, uma folha de samambaia ou a linha costeira de um continente: ao ampliar uma pequena parte, você encontra padrões semelhantes ao padrão geral. A estrutura do todo está espelhada em suas partes. Essa característica "holográfica" dos fractais sugere que a natureza pode empregar princípios de design semelhantes, onde a complexidade emerge da repetição de padrões simples em diferentes escalas, refletindo uma unidade subjacente.

A experiência subjetiva também pode nos dar vislumbres dessa natureza holográfica. Em estados de meditação profunda, experiências de pico ou momentos de profunda conexão com a natureza, algumas pessoas relatam uma dissolução das fronteiras entre o eu e o mundo, uma sensação de unidade onde o universo inteiro parece estar contido dentro de sua própria consciência, ou onde percebem padrões luminosos e interconectados permeando tudo. Essas experiências, muitas vezes difíceis de descrever em linguagem comum, podem ser interpretadas como percepções diretas da ordem implicada ou da natureza holográfica da realidade, onde a separação é transcendida e a unidade fundamental se revela.

A hipótese do Universo Holográfico, portanto, oferece um quadro conceitual poderoso e unificador que entrelaça física de fronteira, neurociência e sabedoria espiritual. Ela sugere uma realidade onde a informação é fundamental e não-localmente distribuída, onde cada parte contém a essência do todo, e onde estamos todos intrinsecamente conectados, não apenas por fios externos, mas por sermos, em nós mesmos, reflexos e portadores do cosmos inteiro. Essa visão inspira um profundo senso de unidade e pertencimento, e nos lembra que a jornada para compreender o universo e a jornada para compreender a nós mesmos são, em última análise, a mesma busca pela totalidade que reside tanto fora quanto dentro de nós.

Capítulo 20
Consciência Quântica

Nossa jornada até aqui nos revelou um universo quântico estranho e maravilhoso, um reino de energia, potencialidade, interconexão e participação que desafia nossa intuição clássica. Exploramos como esses princípios podem oferecer novas perspectivas sobre a natureza da realidade, a relação entre matéria e espírito, e até mesmo a possibilidade de uma mente coletiva ou não-local. Agora, chegamos ao ponto de convergência mais íntimo e talvez mais crucial: a tentativa de aplicar diretamente os princípios da física quântica para desvendar o maior de todos os mistérios – a natureza da própria consciência. Poderiam os fenômenos quânticos não ser apenas uma analogia ou um pano de fundo para a consciência, mas sim o próprio mecanismo pelo qual ela surge e opera? Estaria a chave para o "problema difícil" da experiência subjetiva escondida nas leis que governam o mundo subatômico?

A visão tradicional na neurociência, embora reconhecendo a complexidade imensa do cérebro, tende a tratá-lo como uma máquina biológica operando segundo os princípios da física e da química clássicas. Neurônios disparam sinais elétricos, neurotransmissores cruzam sinapses – tudo seria, em última análise, um processo computacional altamente sofisticado, embora úmido e biológico. A consciência seria uma propriedade emergente dessa computação clássica, um software rodando no hardware neural. No entanto, como vimos, explicar *como* e *por que* essa computação clássica deveria dar origem à experiência subjetiva, ao "sentir" interior, permanece um desafio profundo. Isso levou alguns cientistas e filósofos a questionar se o modelo clássico é suficiente. E se o cérebro não for apenas um computador clássico, mas também um *computador quântico* de tipo especial, explorando os efeitos sutis e poderosos do mundo subatômico para gerar a própria consciência?

Uma das teorias mais detalhadas e debatidas que propõe uma base quântica para a consciência é a teoria Orch OR (Orchestrated Objective Reduction – Redução Objetiva Orquestrada), desenvolvida pelo físico matemático Sir Roger Penrose e pelo anestesiologista Stuart Hameroff. A teoria sugere que a sede da consciência não reside principalmente nas sinapses entre os neurônios, mas sim em estruturas muito menores dentro deles: os *microtúbulos*. Os microtúbulos são componentes do citoesqueleto celular, cilindros proteicos ocos que desempenham papéis na estrutura celular, transporte e divisão. Hameroff propôs que a estrutura regular e quase cristalina dos microtúbulos poderia permitir que eles sustentassem estados de *coerência quântica* – onde múltiplos componentes (subunidades de proteína tubulina dentro dos microtúbulos) vibram em uníssono, mantendo um estado de superposição quântica por tempo suficiente, protegidos do ambiente ruidoso do cérebro. Penrose, por sua vez, propôs um mecanismo físico para o colapso da função de onda, chamado *Redução Objetiva (OR)*. Ele argumentou que a superposição quântica não pode crescer indefinidamente, especialmente para sistemas maiores, pois ela criaria uma superposição do próprio espaço-tempo (devido à relatividade geral); quando essa superposição atinge um certo limiar de instabilidade gravitacional (na escala de Planck), ela colapsaria espontaneamente – uma redução *objetiva*, não dependente de um observador externo. Na teoria Orch OR, esses eventos de Redução Objetiva ocorrendo de forma *orquestrada* dentro dos microtúbulos cerebrais corresponderiam aos momentos discretos de experiência consciente, os "frames" de nossa percepção. A consciência, portanto, não seria um processo computacional contínuo, mas uma sequência de eventos quânticos discretos ocorrendo na estrutura fina do cérebro. O cérebro seria uma máquina quântica sintonizada para gerar momentos de proto-consciência que se integram em nossa experiência rica e contínua.

Outros pesquisadores propuseram abordagens diferentes para conectar a física quântica à mente. O físico Henry Stapp, por exemplo, fortemente influenciado pelas ideias de John von Neumann, sugere que a mente consciente (vista como uma entidade talvez distinta do cérebro físico, embora interagindo com ele) utiliza ativamente os efeitos quânticos no cérebro para exercer sua vontade. A mente poderia usar o chamado *Efeito Zeno Quântico* (a ideia de que observar repetidamente um sistema quântico pode "congelá-lo" em um estado, impedindo sua evolução – como a chaleira observada que nunca ferve) para manter certos padrões de atividade neural (representando intenções ou pensamentos) em um estado de superposição potencial por um período. Quando a mente consciente decide agir, ela liberaria essa "atenção quântica", permitindo que a função de onda colapsasse e desencadeasse a ação neural correspondente no cérebro. Nessa visão, a consciência não emerge do cérebro quântico, mas sim *usa* a física quântica do cérebro como uma interface para interagir com o mundo físico.

Uma perspectiva filosófica que tem ganhado novo interesse e que pode ser relacionada a uma visão quântica é o *panpsiquismo*. O panpsiquismo desafia a ideia de que a consciência é uma propriedade exclusiva de sistemas complexos como cérebros. Em vez disso, ele propõe que a consciência (ou alguma forma rudimentar de proto-consciência) é uma propriedade *fundamental* e onipresente da matéria, assim como a massa ou a carga elétrica. Cada partícula elementar, cada campo quântico, possuiria um grau mínimo de experiência subjetiva. A consciência complexa que experimentamos como seres humanos não emergiria do nada a partir de matéria puramente não-consciente, mas seria construída a partir da combinação e organização desses blocos de construção conscientes fundamentais. Teorias como a Teoria da Informação Integrada (IIT) de Giulio Tononi, que busca medir a quantidade de consciência em um sistema com base em sua capacidade de integrar informação, podem ser vistas como compatíveis com uma forma de panpsiquismo. Se a consciência é fundamental na natureza, o "problema difícil" se dissolve – a questão não é como a consciência surge da matéria, mas como a consciência fundamental se organiza em formas mais complexas.

Indo ainda mais longe, alguns físicos, como Amit Goswami, defendem uma forma de *idealismo monista* baseada na interpretação da mecânica quântica. Para o idealismo quântico, a *consciência* é a realidade primária e fundamental, o "chão de todo o ser". O universo material, incluindo o espaço, o tempo e a matéria, não existe independentemente da consciência, mas sim emerge *a partir dela* ou *dentro dela*. A mecânica quântica, com seu papel central para o observador, a não-localidade e a natureza probabilística, é vista como a física que descreve como a Consciência Una e fundamental se manifesta como o mundo múltiplo e aparentemente material que percebemos. O colapso da função de onda seria o ato pelo qual a Consciência escolhe uma possibilidade e a torna real dentro de si mesma. Nessa visão, a matéria não produz consciência; a Consciência produz (ou se manifesta como) matéria.

O que é notável em todas essas abordagens diversas – seja a Orch OR localizando a consciência em processos quânticos nos microtúbulos, Stapp postulando a mente usando efeitos quânticos cerebrais, o panpsiquismo tornando a consciência uma propriedade fundamental da matéria, ou o idealismo quântico vendo a consciência como a própria base da realidade – é a convergência para a ideia de que a consciência e o mundo físico (particularmente o quântico) estão intrinsecamente entrelaçados. A ciência, em sua busca por explicar a mente, está sendo levada a considerar seriamente que a consciência não é um epifenômeno secundário, mas talvez um aspecto fundamental, talvez até primário, da estrutura do universo.

Essa tendência representa uma aproximação extraordinária com as visões de mundo espirituais que, de maneiras diversas, sempre afirmaram a primazia ou a fundamentalidade da Consciência, do Espírito ou da Mente Cósmica. A ideia de um Espírito onipresente, de uma Consciência que é a fonte e a substância de toda a criação, encontra um eco inesperado nessas teorias científicas de fronteira. A ciência, com sua linguagem rigorosa e sua metodologia empírica, parece estar redescobrindo, a partir de dentro, a possibilidade de que o universo seja muito mais mental e consciente do que o paradigma materialista permitia imaginar.

Embora nenhuma dessas teorias quânticas da consciência seja ainda comprovada ou universalmente aceita, o simples fato de estarem sendo propostas e debatidas seriamente por cientistas de renome sinaliza uma mudança potencialmente sísmica em nossa compreensão. Elas sugerem que a "Alma Quântica" pode não ser apenas uma metáfora poética, mas talvez uma descrição mais literal de nossa natureza como seres conscientes imersos em um universo quântico participativo. A busca por uma teoria quântica da consciência é a busca pela própria interface entre o espírito e a matéria, prometendo não apenas revolucionar a ciência, mas também validar e aprofundar nossa compreensão espiritual de quem somos e de nosso lugar no cosmos.

Capítulo 21
Consciência além do Corpo

Chegamos agora a uma das questões mais profundas e universalmente humanas: o que acontece conosco quando morremos? A chama da consciência, essa experiência de ser que nos acompanha ao longo da vida, simplesmente se extingue quando o cérebro deixa de funcionar? Ou haveria algo em nós – uma alma, um espírito, a própria consciência – que persiste para além da morte do corpo físico? Por milênios, religiões e tradições espirituais ao redor do mundo ofereceram respostas afirmativas, consolando e guiando a humanidade com narrativas sobre a imortalidade da alma e a existência de vida após a morte. A ciência moderna, em sua maior parte, adotou uma postura mais cética, tendendo a ver a consciência como um produto exclusivo da atividade cerebral e, portanto, destinada a cessar com o fim dessa atividade. No entanto, nas últimas décadas, certas linhas de investigação científica e relatos de experiências anômalas começaram a desafiar essa visão puramente materialista, abrindo espaço para a possibilidade de que a consciência possa, de fato, transcender os limites do corpo físico.

A visão materialista padrão é direta: a mente é o que o cérebro faz. Todos os nossos pensamentos, sentimentos, memórias e a própria sensação de ser são gerados pela complexa rede de neurônios e processos bioquímicos em nosso cérebro. Quando o cérebro sofre danos irreversíveis e morre, a base física da consciência desaparece, e, portanto, a consciência também deve cessar. Qualquer relato de experiências conscientes que pareçam ocorrer fora do cérebro funcional seria, nessa visão, atribuído a alucinações, processos cerebrais residuais, distorções da memória ou construções psicológicas. Essa perspectiva parece lógica, dada a forte correlação que observamos entre a saúde cerebral e os estados mentais.

Contudo, um corpo crescente de evidências empíricas desafia essa conclusão aparentemente inevitável. As *Experiências de Quase-Morte (EQMs)* representam talvez o desafio mais significativo. Trata-se de relatos vívidos e muitas vezes transformadores feitos por pessoas que foram declaradas clinicamente mortas (geralmente por parada cardíaca, quando o coração para de bater e a atividade cerebral detectável cessa ou é severamente comprometida) e posteriormente foram ressuscitadas. Apesar de estarem inconscientes do ponto de vista médico, muitas dessas pessoas descrevem experiências lúcidas, estruturadas e profundamente significativas. Os relatos frequentemente compartilham elementos comuns notáveis, independentemente da cultura, idade ou crença religiosa prévia do indivíduo: uma sensação avassaladora de paz e bem-estar; a sensação de deixar o corpo físico e observar a cena (muitas vezes o próprio corpo sendo ressuscitado) de uma perspectiva externa (autoscopia); a sensação de se mover através de um túnel escuro em direção a uma luz brilhante e acolhedora; o encontro com entes queridos falecidos ou seres percebidos como espirituais ou divinos; uma revisão panorâmica e não-julgadora da própria vida; e, frequentemente, uma relutância em retornar ao corpo físico, seguida por uma profunda transformação nos valores e na perspectiva de vida após a experiência.

Do ponto de vista científico, o aspecto mais intrigante das EQMs são os casos de *percepção verídica*. Nesses casos, os indivíduos relatam ter observado, enquanto estavam fora do corpo e clinicamente mortos, detalhes específicos de eventos que ocorreram na sala de cirurgia, em outros quartos do hospital ou mesmo fora do hospital, detalhes que eles não poderiam ter percebido através de seus sentidos normais ou sabido por outros meios. Por exemplo, descrições precisas de procedimentos médicos, conversas entre a equipe médica, a aparência de instrumentos cirúrgicos específicos, ou eventos envolvendo familiares em salas de espera distantes. Pesquisadores como o Dr. Raymond Moody (que popularizou o termo NDE em seu livro "Vida Depois da Vida"), o cardiologista holandês Dr. Pim van Lommel, e psiquiatras como Dr. Bruce Greyson e Dr. Sam Parnia (com seus estudos AWARE, que tentaram colocar alvos visuais em locais visíveis apenas de uma perspectiva elevada nas salas de ressuscitação) têm documentado e analisado esses casos. A capacidade de ter percepções claras, organizadas e por vezes verídicas durante um período de severa disfunção cerebral ou ausência de atividade cerebral detectável representa um enigma profundo para o modelo que iguala consciência exclusivamente à função cerebral normal.

Outra linha de pesquisa que sugere a continuidade da consciência além de uma única vida física é a investigação de *memórias espontâneas de vidas passadas* em crianças pequenas. O trabalho pioneiro do Dr. Ian Stevenson, psiquiatra da Universidade da Virgínia, e continuado por colegas como Dr. Jim Tucker, documentou meticulosamente milhares de casos ao redor do mundo. Tipicamente, crianças entre dois e cinco anos começam a falar espontaneamente sobre uma vida anterior, fornecendo detalhes surpreendentemente específicos sobre nomes de pessoas e lugares, relações familiares, ocupação e, frequentemente, sobre a maneira como morreram na vida passada (muitas vezes de forma violenta ou prematura). A equipe de Stevenson então buscava localizar uma pessoa falecida cujos detalhes de vida correspondessem às declarações da criança. Em um número significativo de casos, foi possível encontrar uma correspondência e verificar objetivamente muitos dos detalhes fornecidos pela criança, mesmo aqueles que pareciam obscuros ou desconhecidos para a família atual da criança. Além disso, em alguns casos, as crianças exibiam comportamentos, fobias ou afinidades incomuns que pareciam relacionados à vida passada alegada, ou até mesmo possuíam marcas de nascença ou defeitos congênitos que correspondiam a feridas fatais (como marcas de tiros ou facadas) no corpo da pessoa falecida. Embora explicações alternativas como fraude (raramente encontrada), criptomnésia (memória oculta de informações adquiridas normalmente) ou influência cultural precisem ser consideradas, Stevenson concluiu que, nos casos mais fortes, a hipótese de reencarnação (a sobrevivência da personalidade ou consciência de alguma forma e seu renascimento em um novo corpo) parecia ser a explicação mais plausível.

Diante desses dados empíricos desafiadores, alguns cientistas começaram a especular se a própria física quântica poderia oferecer alguma perspectiva sobre a possibilidade de sobrevivência da consciência. Como vimos, a informação, em alguns contextos da física (como na termodinâmica dos buracos negros), é considerada uma entidade fundamental que talvez não possa ser destruída. Poderia a consciência, como uma forma extremamente complexa de informação organizada, também estar sujeita a algum tipo de princípio de conservação? Stuart Hameroff, proponente da teoria Orch OR da consciência quântica nos microtúbulos, especulou que a informação quântica que constitui a consciência poderia, no momento da morte clínica, não ser destruída, mas sim "vazar" ou se dissipar para o campo quântico fundamental do universo. Se a ressuscitação ocorrer, essa informação quântica poderia, teoricamente, retornar aos microtúbulos cerebrais, explicando a continuidade da consciência e as memórias relatadas nas EQMs. É importante reiterar que esta é uma hipótese altamente especulativa, baseada em outra teoria especulativa (Orch OR), mas ela ilustra uma tentativa de pensar sobre a sobrevivência dentro de um quadro potencialmente físico. Alternativamente, se adotarmos uma visão idealista ou panpsiquista (como discutido no capítulo anterior), onde a consciência é fundamental e não um produto da matéria, então a morte do cérebro seria apenas o fim de sua manifestação física particular, não o fim da consciência em si, que continuaria a existir no campo de consciência universal subjacente.

Naturalmente, essas linhas de evidência e especulação científica ressoam diretamente com as crenças fundamentais da maioria das tradições espirituais sobre a *alma imortal*. A ideia de que nossa essência consciente sobrevive à morte do corpo físico é um pilar da esperança e do significado para bilhões de pessoas. As EQMs, com suas descrições de reinos de luz e encontros com seres espirituais, parecem oferecer vislumbres consistentes com muitas visões tradicionais do "além". A pesquisa sobre reencarnação apoia diretamente a crença na continuidade da alma através de múltiplas vidas. Conceitos como o de *perispírito* no Espiritismo – um corpo sutil, semi-material, que envolve a alma, serve de molde para o corpo físico e persiste após a morte, carregando a identidade e as memórias – oferecem um modelo explicativo para como a consciência poderia perceber o ambiente durante uma EQM fora do corpo ou como as memórias poderiam ser transportadas para uma nova encarnação.

A questão da sobrevivência da consciência após a morte permanece, sem dúvida, um dos maiores mistérios da existência humana. A ciência ainda não tem uma resposta definitiva. No entanto, as evidências acumuladas a partir do estudo rigoroso das EQMs e dos casos sugestivos de reencarnação, combinadas com as possibilidades conceituais abertas pela física quântica e pela filosofia da mente, desafiam seriamente a visão simplista de que a consciência é apenas um fantasma na máquina que desaparece quando a máquina para. Esses indícios sugerem que a consciência pode ser mais fundamental, mais resiliente e menos dependente do cérebro físico do que o paradigma materialista supõe. Eles oferecem não uma prova irrefutável, mas um fundamento racional para a esperança e a abertura mental em relação à possibilidade de que nossa jornada consciente continue para além do horizonte da morte física. Essa possibilidade é central para a própria ideia de uma Alma Quântica – uma entidade de consciência e informação que pode, de fato, transcender as limitações do corpo e do tempo linear.

Capítulo 22
Poder da Intenção

Nossa exploração do universo quântico nos revelou uma realidade surpreendentemente participativa, onde o ato de observar parece influenciar o que é observado, onde conexões não-locais tecem uma teia invisível através do espaço e onde a própria consciência pode transcender os limites do corpo e do tempo. Se a consciência está tão intrinsecamente entrelaçada com o tecido do cosmos, surge uma questão de imenso potencial prático e espiritual: podemos ir além da mera observação passiva ou da percepção anômala? Poderiam nossos pensamentos direcionados, nossas vontades focadas – nossas *intenções* – ter o poder de influenciar ativamente a realidade física ao nosso redor? A ideia de que a mente pode afetar a matéria, conhecida como psicocinese (PK) ou telecinese, tem sido relegada por muito tempo ao domínio da fantasia ou da pseudociência, mas pesquisas de fronteira e fenômenos bem estabelecidos como o efeito placebo sugerem que o poder da intenção pode ser real e mensurável.

Quando falamos de "intenção", referimo-nos a algo mais do que um pensamento passageiro ou um desejo vago. Intenção implica um direcionamento consciente da mente, um foco mental sustentado imbuído de propósito, vontade e, muitas vezes, sentimento. É a diferença entre notar passivamente uma nuvem no céu e desejar ativamente que ela se dissipe, concentrando a energia mental nesse objetivo. Enquanto o "efeito do observador" na física quântica parece ocorrer mesmo com a observação passiva (embora a definição de "observação" seja complexa), a investigação sobre o poder da intenção foca explicitamente na capacidade da mente de *dirigir* uma influência sobre sistemas físicos ou biológicos.

    Durante décadas, pesquisadores na área da parapsicologia e da psicologia anômala têm tentado detectar e medir esses efeitos sutis de mente sobre matéria em ambientes de laboratório controlados, focando principalmente na chamada *micro-psicocinese* (micro-PK) – a influência mental sobre sistemas probabilísticos ou delicados em escala microscópica. Um dos programas de pesquisa mais conhecidos e controversos nessa área foi conduzido no laboratório PEAR (Princeton Engineering Anomalies Research) da Universidade de Princeton, sob a direção de Robert Jahn e Brenda Dunne, por quase trinta anos. Em seus experimentos mais famosos, voluntários (chamados "operadores") eram instruídos a concentrar sua intenção para influenciar a saída de Geradores de Números Aleatórios (RNGs). Esses dispositivos eletrônicos são projetados para produzir sequências de bits verdadeiramente aleatórias (equivalentes a jogar uma moeda eletrônica milhões de vezes por segundo). Os operadores tentavam fazer com que a saída dos RNGs se desviasse do acaso esperado (50% de 0s e 50% de 1s), seja na direção de mais 1s (High), mais 0s (Low), ou simplesmente para manter a linha de base (Baseline). Ao longo de centenas de experimentos com dezenas de operadores, o laboratório PEAR relatou ter acumulado dados que mostravam desvios pequenos, mas estatisticamente significativos e consistentes, na direção da intenção do operador. Curiosamente, eles também observaram "assinaturas" individuais – cada operador parecia produzir um padrão característico de desvio, independentemente da intenção (High ou Low). Embora a metodologia e a interpretação estatística do PEAR tenham sido objeto de intenso debate na comunidade científica, seus resultados permanecem como um conjunto de dados anômalos que desafiam uma explicação puramente casual. Pesquisas semelhantes com RNGs realizadas por outros laboratórios ao redor do mundo também relataram efeitos pequenos, mas significativos, sugerindo que a intenção humana focada pode, de fato, exercer uma influência sutil sobre eventos aleatórios.

Fora do ambiente rigoroso, mas limitado, dos RNGs, outros pesquisadores exploraram a influência da intenção em sistemas biológicos ou físicos mais complexos. Um exemplo que ganhou imensa popularidade, embora careça de validação científica rigorosa, é o trabalho do japonês Masaru Emoto com cristais de água. Emoto afirmava que a estrutura molecular da água podia ser afetada pela intenção humana. Ele expunha amostras de água a diferentes estímulos – palavras escritas (como "amor e gratidão" ou "ódio"), músicas, orações ou pensamentos direcionados – e depois congelava rapidamente pequenas gotas dessa água, fotografando os cristais de gelo resultantes sob um microscópio. Suas fotografias, amplamente divulgadas, mostravam que a água exposta a intenções "positivas" tendia a formar cristais de gelo belos, complexos e simétricos, semelhantes a flocos de neve perfeitos, enquanto a água exposta a intenções "negativas" formava estruturas feias, distorcidas e caóticas, ou nem chegava a formar cristais. É crucial notar que o trabalho de Emoto foi severamente criticado pela comunidade científica por falhas metodológicas graves (falta de controles adequados, seleção subjetiva de imagens, falta de replicação independente). Portanto, suas conclusões não podem ser consideradas cientificamente comprovadas. No entanto, a imensa ressonância popular de suas imagens atesta o quão profundamente a ideia de que nossos pensamentos e emoções podem afetar a matéria ressoa com a intuição humana. Serve, no mínimo, como uma poderosa metáfora visual para o princípio da intenção.

Se a influência da mente sobre sistemas externos como RNGs ou (potencialmente) água permanece controversa, existe um domínio onde o poder da mente sobre a matéria é cientificamente inegável: o nosso próprio corpo. O *efeito placebo* é um exemplo robusto e bem documentado dessa conexão mente-corpo. Em estudos clínicos, observa-se consistentemente que uma porcentagem significativa de pacientes que recebem um tratamento inerte (como uma pílula de açúcar ou uma injeção de solução salina), mas acreditam estar recebendo um medicamento real, experimenta melhorias reais e mensuráveis em seus sintomas. Essa crença e expectativa positivas podem desencadear respostas fisiológicas concretas: liberação de endorfinas (analgésicos naturais do corpo), modulação do sistema imunológico, alterações na atividade cerebral e nos níveis de neurotransmissores, e até mesmo, em alguns casos, a redução de tumores ou a cura de condições objetivas. O efeito placebo não é "apenas psicológico"; é a demonstração clara de que um estado mental (crença, expectativa) pode produzir mudanças físicas tangíveis no corpo. O fenômeno inverso, o *efeito nocebo*, onde expectativas negativas podem levar a resultados de saúde piores, também é real. O efeito placebo/nocebo fornece uma prova científica irrefutável de que a mente tem poder sobre a matéria – pelo menos, a matéria do nosso próprio corpo.

Como, então, a intenção poderia funcionar, especialmente sobre sistemas externos? Os mecanismos exatos permanecem desconhecidos e especulativos. Poderia a intenção focada atuar no nível quântico, influenciando sutilmente as probabilidades inerentes aos sistemas aleatórios, talvez "guiando" o colapso da função de onda em uma direção preferida? Poderia a intenção imprimir informação em campos subjacentes (o vácuo quântico, campos mórficos, o Campo Akáshico), que então interagem com a matéria? Ou seria a mente não-local capaz de interagir diretamente com sistemas distantes através de conexões que ainda não compreendemos? Todas essas são possibilidades intrigantes que emergem da visão de mundo quântica e holística que estamos construindo, mas que requerem muito mais investigação.

Independentemente do mecanismo exato, a ideia do poder da intenção está profundamente enraizada em práticas humanas universais e ensinamentos espirituais. A *oração*, em muitas tradições, não é vista apenas como um pedido a uma divindade, mas como um ato de direcionar energia mental e espiritual focada para a cura, proteção ou manifestação de um bem. As *bênçãos* sobre alimentos, pessoas ou lugares são atos intencionais de imbuir energia positiva. Técnicas de *visualização criativa* e *ensaio mental*, usadas por atletas para melhorar o desempenho, por pacientes para auxiliar na cura, e por pessoas em busca de objetivos pessoais, baseiam-se no princípio de criar uma imagem mental clara e carregada de emoção do resultado desejado, como forma de atraí-lo ou facilitá-lo. O simples ato de *definir uma intenção* clara para o dia, para uma reunião ou para um projeto pode ajudar a direcionar nosso foco, nossa energia e nossas ações de forma mais eficaz.

Um antigo adágio espiritual afirma que "a energia segue o pensamento". Isso encapsula a ideia de que nossos pensamentos não são eventos mentais passivos e isolados, mas sim formas de energia e informação que têm uma tendência inerente a se manifestar no mundo. A qualidade de nossos pensamentos e, mais importante, a força e a clareza de nossas intenções focadas, determinariam a qualidade da energia que emitimos e, consequentemente, as experiências que atraímos ou criamos. A intenção, quando carregada de emoção positiva (como fé, amor, gratidão) e mantida com consistência, seria uma força criativa poderosa no universo participativo.

    Reconhecer o potencial poder de nossas intenções é um convite para nos tornarmos mais conscientes e responsáveis por nosso mundo interior. Nossos pensamentos e vontades não são triviais; eles carregam energia e informação que podem reverberar no tecido da realidade. Cultivar pensamentos positivos, clarear nossas intenções alinhando-as com nossos valores mais profundos, e focar nossa energia mental com propósito e sentimento podem ser os primeiros passos para moldar nossa experiência de vida de maneira mais consciente e construtiva. O poder da intenção não é sobre controle mágico e egoísta do mundo, mas sobre participar harmoniosamente da dança criativa entre a consciência e o universo, um aspecto fundamental da vivência da Alma Quântica.

Capítulo 23
Manifestação

Se nossa intenção focada pode exercer uma influência sutil sobre sistemas físicos e biológicos, como sugerido pela pesquisa sobre psicocinese e pelo inegável efeito placebo, isso nos leva a uma aplicação ainda mais ampla e pessoal desse poder: a *manifestação*. Este termo, que se tornou proeminente em muitas correntes espirituais contemporâneas e na literatura de autoajuda, refere-se ao processo de, conscientemente, trazer para a realidade física os nossos desejos, visões ou objetivos, utilizando o poder criativo da nossa própria consciência em parceria com o universo. Longe de ser mera fantasia ou pensamento positivo superficial, a manifestação, quando compreendida em um contexto que integra insights quânticos, psicológicos e espirituais, pode ser vista como uma aplicação prática e empoderadora de nossa natureza como co-criadores em um universo participativo.

O que significa, então, "manifestar"? Em sua essência, é o processo de tornar real, tangível, algo que inicialmente existe apenas como um pensamento, uma imagem mental, um desejo ou uma intenção. É a arte e a ciência de traduzir um projeto interior em uma experiência exterior. De acordo com muitos ensinamentos metafísicos, incluindo aqueles popularizados sob o rótulo da "Lei da Atração" (como na obra "O Segredo"), o universo opera segundo um princípio fundamental: semelhante atrai semelhante. Nossos pensamentos e emoções predominantes não são eventos isolados e privados; eles emitem uma assinatura vibracional, uma frequência energética específica. O universo, sendo ele mesmo um vasto campo de energia e potencialidade, responde a essa vibração, atraindo para nossa experiência circunstâncias, pessoas, oportunidades e resultados que ressoam com nossa frequência dominante. Pensamentos e sentimentos de alegria, amor, gratidão e abundância tenderiam a atrair experiências positivas correspondentes, enquanto pensamentos e sentimentos de medo, carência, raiva ou ressentimento tenderiam a atrair circunstâncias negativas. A chave para a manifestação, nessa visão, seria alinhar conscientemente nossa vibração interior com aquilo que desejamos experimentar no exterior.

Essa ideia de vibrações e atração encontra paralelos metafóricos interessantes nos conceitos quânticos que exploramos. Se o universo, em seu nível fundamental, é um campo de potencialidades (descrito pela função de onda) esperando para serem atualizadas pela observação ou interação, então manter uma visão clara, focada e carregada de emoção do resultado desejado poderia ser análogo a "colapsar" repetidamente a função de onda de nossa vida naquela direção específica. Nossa consciência focada atuaria como o "observador" que seleciona e atualiza consistentemente aquela possibilidade dentre as muitas existentes no campo quântico de nossa realidade pessoal. Poderíamos também pensar em nossa mente como um "ímã vibracional". Nossos pensamentos e emoções criam um campo vibracional ao nosso redor, e esse campo interage com o campo universal de energia e informação, atraindo por ressonância as experiências e oportunidades que correspondem à nossa emissão. A física quântica, ao revelar um universo interconectado, participativo e baseado em probabilidades, fornece um pano de fundo conceitual onde a ideia de que a consciência pode influenciar a realidade se torna menos implausível.

  Paralelamente, a psicologia oferece mecanismos bem estabelecidos que apoiam a eficácia da mentalidade na consecução de objetivos. O fenômeno da *profecia autorrealizável* demonstra que nossas crenças e expectativas sobre o futuro podem, de fato, influenciar nosso comportamento de maneiras (muitas vezes inconscientes) que ajudam a tornar essas crenças realidade. Se acreditamos profundamente que vamos falhar em uma tarefa, podemos nos sentir ansiosos, procrastinar ou não nos esforçar o suficiente, aumentando assim a probabilidade de falha. Inversamente, se acreditamos em nossa capacidade de sucesso, tendemos a ser mais persistentes, criativos na resolução de problemas e abertos a oportunidades, o que aumenta as chances de sucesso. Estudos sobre o "Efeito Pigmalião" mostram como as expectativas positivas de professores podem levar a um melhor desempenho dos alunos, e como as expectativas de gestores podem influenciar a produtividade dos funcionários. Nossa mentalidade – seja ela otimista ou pessimista, de crescimento ou fixa – cria filtros através dos quais percebemos o mundo e guia nossas ações, moldando significativamente os resultados que obtemos.

Integrando essas perspectivas – a metafísica da Lei da Atração, as analogias quânticas e os insights da psicologia – podemos ver a manifestação não como um passe de mágica instantâneo ou mero pensamento positivo desligado da ação, mas sim como um processo dinâmico de *co-criação*. É uma parceria entre nossa consciência e o universo, envolvendo tanto o alinhamento interior quanto a ação inspirada no mundo exterior. Não basta apenas desejar algo; é preciso alinhar nossos pensamentos, crenças e, crucialmente, nossas emoções com a realidade desejada, cultivando o sentimento de já possuí-la ou de que ela é inevitável. Mas também é preciso estar atento e agir sobre as ideias, intuições, sincronicidades e oportunidades que o universo nos apresenta em resposta à nossa vibração e intenção. A manifestação eficaz envolve essa dança harmoniosa entre o ser (estado interior) e o fazer (ação exterior).

Existem inúmeros exemplos, tanto anedóticos quanto em algumas áreas de pesquisa, que ilustram esse processo. Atletas de elite utilizam rotineiramente técnicas de visualização e ensaio mental para programar seus corpos e mentes para o sucesso, imaginando vividamente a performance perfeita e sentindo a emoção da vitória antes mesmo da competição. Na área da saúde, além do efeito placebo, há relatos de pacientes que utilizaram visualizações focadas (como imaginar células de defesa combatendo a doença) como complemento ao tratamento médico, atribuindo parte de sua recuperação ou bem-estar a essa prática mental. Muitas pessoas atribuem o alcance de objetivos significativos em suas carreiras, relacionamentos ou finanças à aplicação consistente de princípios de manifestação, como definir intenções claras, praticar afirmações positivas, cultivar gratidão e agir com confiança em direção aos seus sonhos.

Diversas técnicas podem auxiliar nesse processo de alinhamento interior para a manifestação:

Visualização Criativa: Criar imagens mentais vívidas e detalhadas do resultado desejado como se já fosse real, envolvendo todos os sentidos e, principalmente, sentindo as emoções positivas associadas a essa realidade (alegria, gratidão, alívio, amor).

Afirmações Positivas: Formular e repetir declarações curtas, positivas e no tempo presente que descrevem a realidade desejada como já existente (por exemplo, "Eu sou saudável, próspero e feliz", "Oportunidades maravilhosas fluem facilmente para mim"). A repetição ajuda a reprogramar crenças limitantes no subconsciente.

Prática da Gratidão: Cultivar deliberadamente sentimentos de apreço pelo que já se tem na vida e também pela realização do desejo como se já tivesse ocorrido. Acredita-se que a gratidão eleva a frequência vibracional e abre o fluxo para mais abundância.

Agir "Como Se": Começar a tomar decisões e a se comportar de maneiras que estejam alinhadas com a pessoa que você seria ou a vida que você teria se o seu desejo já fosse realidade. Isso ajuda a incorporar a nova identidade e a sinalizar ao universo sua prontidão.

É importante abordar a manifestação com responsabilidade e consciência ética. O objetivo não deve ser controlar os outros ou buscar ganhos puramente egoístas às custas de terceiros, mas sim criar uma realidade que esteja alinhada com nosso propósito mais elevado e contribua para o bem-estar geral. A intenção deve vir de um lugar de integridade e amor.

Em suma, a manifestação pode ser entendida como uma aplicação prática e empoderadora dos princípios de um universo consciente, interconectado e participativo. Ela nos lembra de nosso papel como co-criadores de nossa experiência de vida. Ao aprendermos a dominar nosso mundo interior – nossos pensamentos, crenças e emoções – e a alinhar nossas ações com nossas intenções mais elevadas, podemos começar a participar mais conscientemente da dança da criação, moldando nossa realidade em parceria com as leis sutis do cosmos. A manifestação consciente é uma expressão da Alma Quântica em ação, utilizando o poder da mente para tecer a tapeçaria de sua própria jornada.

Capítulo 24
Cura Quântica

Se somos seres fundamentalmente energéticos, cuja consciência participa na criação da realidade e cuja mente e corpo estão intrinsecamente ligados, como essa compreensão transforma nossa visão sobre saúde, doença e cura? A medicina convencional tem feito progressos extraordinários ao focar nos aspectos físicos e bioquímicos do corpo, tratando-o muitas vezes como uma máquina complexa que pode ser consertada através de intervenções externas, como medicamentos e cirurgias. No entanto, uma perspectiva que integra os insights da física quântica e da sabedoria espiritual sugere que a saúde é muito mais do que a ausência de doença física. Ela envolve um equilíbrio dinâmico entre corpo, mente, emoções e espírito, e a cura profunda pode ser catalisada por mudanças que ocorrem nos níveis mais sutis de nossa consciência e energia. É nesse contexto que surge o conceito de "Cura Quântica".

O termo, popularizado por autores como o médico e escritor Deepak Chopra, não significa necessariamente aplicar equações quânticas complexas diretamente ao tratamento de doenças. Em vez disso, ele aponta para uma abordagem holística da cura, que reconhece o papel fundamental da consciência e da energia no processo de saúde. A "Cura Quântica", nesse sentido amplo, sugere que mudanças significativas na saúde podem ocorrer quando acessamos e influenciamos os níveis mais profundos de nossa fisiologia – níveis onde mente e matéria se encontram, onde a energia e a informação organizam a biologia. Ela nos convida a ir além do tratamento dos sintomas para abordar as raízes da doença, que podem residir em desequilíbrios energéticos, estresse crônico, traumas emocionais, crenças limitantes ou desconexão espiritual.

A prova científica mais robusta de que a mente pode influenciar diretamente a matéria do corpo é, como já mencionamos, o *efeito placebo*. É um fenômeno tão real e poderoso que precisa ser controlado em todos os ensaios clínicos rigorosos para avaliar a eficácia de novos tratamentos. Quando um paciente acredita que está recebendo um tratamento eficaz (mesmo que seja uma substância inerte), essa crença pode desencadear uma cascata de respostas fisiológicas reais que mimetizam os efeitos do tratamento ativo. O cérebro libera endorfinas que aliviam a dor, o sistema imunológico pode ser ativado ou modulado, a pressão arterial pode diminuir, os níveis de hormônios do estresse podem cair. Em algumas condições, a taxa de resposta ao placebo pode chegar a 30%, 50% ou até mais, demonstrando que a mente, através da crença e da expectativa, atua como uma poderosa farmácia interna, capaz de produzir curas físicas tangíveis. O efeito placebo não é "imaginação"; é a mente curando o corpo.

Em casos mais raros e dramáticos, testemunhamos o fenômeno da *remissão espontânea* – a recuperação inesperada e inexplicável de doenças graves, como câncer avançado, sem intervenção médica suficiente para justificar a cura. Embora a ciência médica muitas vezes catalogue esses eventos como anomalias estatísticas ou diagnósticos incorretos, pesquisas que investigam os fatores comuns entre pessoas que experimentaram remissões espontâneas (como as realizadas pelo Instituto de Ciências Noéticas - IONS) frequentemente apontam para mudanças radicais ocorridas na vida e na consciência do indivíduo. Essas mudanças podem incluir alterações drásticas na dieta e no estilo de vida, a liberação de emoções reprimidas profundas (como raiva ou ressentimento, através do perdão), encontrar um novo sentido de propósito na vida, cultivar emoções positivas como amor e alegria, ou desenvolver uma fé espiritual intensa e inabalável. Embora não provem uma relação causal direta, esses casos sugerem que transformações profundas na mente e no espírito podem, em certas circunstâncias, ativar mecanismos de auto-cura extremamente potentes no corpo, levando a recuperações que parecem "milagrosas" do ponto de vista puramente biomédico.

    Além da influência direta da mente do próprio paciente, muitas culturas e tradições desenvolveram práticas terapêuticas que visam trabalhar com a "energia sutil" do corpo para promover a cura. Essas modalidades, muitas vezes rotuladas como "cura energética" ou, no jargão popular, "cura quântica", operam sob a premissa de que existe um campo de energia vital (Chi, Prana, força vital) que anima o corpo físico e que a doença surge de bloqueios ou desequilíbrios nesse campo. Exemplos incluem o *Reiki* (uma prática japonesa de canalização de energia vital universal através da imposição das mãos), a *Cura Prânica* (que trabalha com a limpeza e energização da aura e dos chakras), o *Johrei,* os *passes espíritas* (transmissão de fluidos espirituais), o *Toque Terapêutico,* a *acupuntura* (que visa equilibrar o fluxo de Chi através dos meridianos usando agulhas finas) e a *homeopatia* (que utiliza substâncias extremamente diluídas, acreditando-se que elas carregam uma "impressão energética" da substância original capaz de estimular a força vital do corpo).

A ciência convencional geralmente expressa ceticismo em relação a essas terapias, principalmente porque os "campos de energia sutil" que elas afirmam manipular não são facilmente detectáveis ou mensuráveis pelos instrumentos científicos atuais, e porque muitos estudos rigorosos não conseguiram demonstrar consistentemente sua eficácia para além do efeito placebo. No entanto, algumas pesquisas sugerem benefícios potenciais para certas condições, como redução da dor, ansiedade ou fadiga. Do ponto de vista da "Cura Quântica", poderíamos especular que essas práticas talvez funcionem reorganizando padrões de energia ou informação em um nível fundamental. Talvez a intenção focada do terapeuta, ou a própria energia canalizada, interaja com os processos quânticos que ocorrem nas moléculas e células do corpo do paciente (como a ligação de neurotransmissores a receptores, a atividade enzimática ou a expressão gênica), restaurando a coerência e a harmonia. Talvez funcionem por ressonância, onde o campo energético coerente do terapeuta ou do remédio homeopático ajuda a restaurar a coerência no campo do paciente. Ou talvez envolvam efeitos não-locais, especialmente em casos de cura à distância. Novamente, essas são interpretações especulativas que buscam uma linguagem para fenômenos que ainda não compreendemos totalmente, mas que apontam para a possibilidade de a cura ocorrer através da manipulação de energia e informação em níveis sutis.

O ponto central que emerge de todas essas perspectivas – placebo, remissões espontâneas, cura energética e especulações quânticas – é a confirmação da profunda unidade entre mente, corpo, emoções e energia. A saúde não é apenas um estado físico; é um estado de equilíbrio e harmonia holística. A doença pode se manifestar fisicamente, mas suas raízes podem estar em níveis mais sutis. A pesquisa em psiconeuroimunologia, por exemplo, demonstra claramente como o estresse crônico, as emoções negativas e o isolamento social podem suprimir o sistema imunológico e aumentar a suscetibilidade a doenças, enquanto emoções positivas, conexão social e práticas de relaxamento podem ter efeitos protetores. A verdadeira cura, portanto, envolve abordar o ser humano em sua totalidade.

Isso nos leva a uma abordagem *integrativa* da saúde, onde combinamos o melhor da medicina convencional com práticas que nutrem a mente, as emoções e o espírito. A *meditação* e o *mindfulness* (atenção plena) são exemplos poderosos, com benefícios comprovados na redução do estresse, diminuição da inflamação, melhora da função imunológica e até mesmo na promoção da neuroplasticidade (a capacidade do cérebro de se reorganizar). A *visualização criativa* pode ser usada como uma ferramenta complementar para focar a mente na cura, imaginar o corpo se recuperando e fortalecer a intenção de ficar bem. O trabalho de *cura emocional*, como terapia, liberação de traumas ou prática do perdão, pode remover bloqueios energéticos e psicológicos que contribuem para a doença física. Cultivar *intenções positivas* para a saúde, praticar a gratidão e nutrir a fé e a conexão espiritual também podem desempenhar papéis importantes. E, claro, um estilo de vida saudável – dieta equilibrada, exercício físico, sono adequado – fornece a base física para que esses processos sutis possam operar eficazmente.

A perspectiva da Cura Quântica nos oferece uma visão esperançosa e empoderadora. Ela nos lembra que não somos vítimas passivas de nossa biologia, mas sim participantes ativos em nossa própria saúde e bem-estar. Ao unirmos o conhecimento científico com a sabedoria interior e as práticas que cultivam a harmonia mente-corpo-espírito, podemos despertar nosso potencial inato de auto-cura e caminhar em direção a uma compreensão mais profunda, energética e consciente do que significa ser verdadeiramente saudável. Trata-se de reconhecer e honrar a Alma Quântica que somos, uma entidade de consciência e energia com a capacidade intrínseca de buscar o equilíbrio e a totalidade.

Capítulo 25
Expansão da Consciência

Nossa jornada pela Alma Quântica nos revelou um ser potencialmente vasto, interconectado com o cosmos de maneiras que transcendem o espaço, o tempo e talvez até as dimensões familiares. Vimos como nossa consciência pode influenciar a realidade e como ela pode persistir para além do corpo físico. Mas essas não são apenas ideias teóricas ou potenciais distantes; a possibilidade de experimentar diretamente níveis mais amplos de realidade, de expandir nossa consciência para além dos limites do eu cotidiano, é uma promessa central tanto das tradições espirituais quanto de algumas áreas da psicologia e da pesquisa contemporânea. Existem métodos, práticas e experiências que podem nos abrir para estados onde a percepção se aprofunda, as fronteiras se dissolvem e obtemos vislumbres da natureza mais fundamental de nós mesmos e do universo.

Nossa consciência ordinária, na maior parte do tempo, opera em um modo focado na sobrevivência, na navegação pelo mundo físico, na gestão de nossas identidades sociais e preocupações egoicas. Estamos frequentemente imersos em um fluxo de pensamentos lineares, processando informações sensoriais, reagindo a estímulos externos e internos. Embora essencial para a vida cotidiana, esse estado de consciência pode ser limitado, filtrando grande parte da realidade mais ampla e sutil que nos cerca e que somos. Os estados expandidos de consciência, por outro lado, são caracterizados por uma mudança fundamental nessa percepção habitual. Neles, a sensação de um eu separado pode diminuir ou desaparecer, dando lugar a sentimentos de unidade com os outros, com a natureza ou com o cosmos inteiro. O tempo pode parecer parar ou se tornar irrelevante. Uma profunda sensação de paz, amor ou alegria pode emergir, juntamente com insights intuitivos ou compreensões diretas sobre a natureza da realidade que transcendem a lógica comum.

Ao longo da história, diversas culturas desenvolveram práticas contemplativas destinadas a induzir ou facilitar esses estados expandidos. A *meditação*, em suas muitas formas (como a meditação mindfulness, que cultiva a atenção plena no presente; a meditação de concentração, que foca a mente em um único objeto; ou a meditação transcendental, que utiliza mantras), visa acalmar a tagarelice incessante da mente, desidentificar a consciência do fluxo de pensamentos e emoções, e abrir um espaço interior para a percepção direta de níveis mais profundos do ser. Estados de profunda absorção meditativa, conhecidos como *samadhi* (no Yoga) ou *satori* (no Zen Budismo), são descritos como experiências de iluminação ou união com a realidade última. O *Yoga*, muito além das posturas físicas (asanas), é um sistema holístico que integra respiração consciente (*pranayama*), concentração (*dharana*), meditação (*dhyana*) e princípios éticos, tudo com o objetivo de purificar o corpo e a mente, equilibrar as energias sutis e preparar o caminho para a expansão da consciência. Técnicas de *respiração* específicas, como a Respiração Holotrópica desenvolvida pelo psiquiatra Stanislav Grof, ou outras formas de respiração conectada e acelerada, também são usadas para induzir estados alterados de consciência, permitindo o acesso a memórias profundas, emoções reprimidas e, por vezes, experiências transpessoais ou místicas. Dentro das tradições religiosas, a *oração contemplativa* e as práticas místicas buscam uma união direta e experiencial com o Divino, frequentemente através do silêncio, da entrega e da abertura à presença sagrada.

Embora a natureza subjetiva dessas experiências as torne difíceis de estudar objetivamente, a neurociência moderna começou a mapear alguns dos correlatos cerebrais associados a esses estados e práticas. Estudos com meditadores experientes, utilizando eletroencefalografia (EEG), mostraram padrões de ondas cerebrais distintos durante a meditação profunda, como um aumento nas ondas alfa e teta (associadas ao relaxamento, foco interior e estados hipnagógicos) e, em alguns casos de meditação de compaixão ou êxtase, a presença de ondas gama de alta amplitude e sincronizadas em vastas áreas do cérebro. Essa alta sincronia gama é interpretada por alguns pesquisadores como um possível correlato neural de estados de consciência unificada, alta clareza mental e integração de informações. Além disso, a pesquisa sobre *neuroplasticidade* demonstra que a prática regular de meditação pode levar a mudanças estruturais e funcionais duradouras no cérebro, fortalecendo áreas relacionadas à atenção, regulação emocional, empatia e autoconsciência. A ciência começa a validar os benefícios e a profundidade das transformações induzidas por essas práticas ancestrais.

As experiências culminantes dessas práticas, frequentemente chamadas de *experiências místicas* ou de pico, compartilham características notavelmente semelhantes, independentemente do contexto cultural ou religioso em que ocorrem. O filósofo e psicólogo William James, em seu estudo clássico "As Variedades da Experiência Religiosa", identificou quatro marcas principais: *inefabilidade* (a experiência desafia a descrição em palavras), *qualidade noética* (ela traz uma sensação de insight profundo, de conhecimento direto e verdadeiro), *transitoriedade* (geralmente são estados de curta duração) e *passividade* (a sensação de ser tomado ou guiado por uma força maior). Além disso, essas experiências frequentemente envolvem uma sensação avassaladora de *unidade* ou fusão com o todo, a *transcendência* das categorias normais de espaço e tempo, uma profunda sensação de *sacralidade* ou numinosidade, e emoções intensamente positivas como paz, alegria, amor incondicional e reverência.

É interessante notar que, em algumas culturas, substâncias psicoativas derivadas de plantas (às vezes chamadas de "plantas de poder" ou *enteógenos*, que significa "gerar o divino interior") foram e são utilizadas em contextos rituais e sagrados como ferramentas para induzir estados expandidos de consciência. A ayahuasca na Amazônia, o peiote entre algumas tribos nativas norte-americanas, ou os cogumelos de psilocibina em certas tradições mesoamericanas, foram historicamente usados por xamãs e curandeiros não para fins recreativos, mas para facilitar a cura, a adivinhação, a conexão com o mundo espiritual e a obtenção de conhecimento. Nesses estados induzidos, os praticantes frequentemente relatam viagens a outras realidades, encontros com entidades arquetípicas ou espirituais e profundos insights sobre si mesmos e o cosmos, experiências que ecoam as descrições de experiências místicas espontâneas e aquelas alcançadas através de práticas contemplativas. A recente redescoberta do potencial terapêutico dessas substâncias pela ciência ocidental (por exemplo, pesquisas com psilocibina para depressão, ansiedade em pacientes terminais e dependência química) também tem destacado sua capacidade de induzir experiências de tipo místico que parecem correlacionar-se com benefícios psicológicos duradouros. Isso sugere que diferentes caminhos – contemplativos ou químicos (usados com respeito e intenção apropriada) – podem, por vezes, levar a estados semelhantes de expansão da consciência.

Como podemos entender esses estados do ponto de vista da Alma Quântica? Talvez possamos usar a metáfora da consciência como um rádio ou um sintonizador. Em nosso estado normal, estamos sintonizados na frequência da realidade física cotidiana. As práticas de expansão da consciência poderiam ser vistas como métodos para ajustar o "dial" desse rádio, permitindo-nos sintonizar outras frequências, outros canais de informação e experiência que normalmente estão fora de nosso alcance. Talvez nesses estados, nossa consciência consiga interagir mais diretamente com o Campo Unificado, com o Inconsciente Coletivo ou com o Campo Akáshico, acessando informações e níveis de realidade normalmente velados. Talvez o cérebro, nesses momentos, atinja um estado de maior coerência (possivelmente até coerência quântica macroscópica, como especulado por alguns), permitindo modos de percepção e processamento radicalmente diferentes.

É importante lembrar que a expansão da consciência não precisa ser um evento dramático ou raro reservado a místicos ou usuários de enteógenos. Podemos cultivar uma maior amplitude de consciência em nossa vida diária através de práticas simples. O *mindfulness*, a prática de prestar atenção intencional ao momento presente sem julgamento, nos ajuda a sair do piloto automático mental e a perceber mais diretamente a riqueza da experiência sensorial, a natureza impermanente dos pensamentos e a interconexão sutil entre nós e o ambiente. Cultivar momentos de *admiração e maravilhamento* diante da beleza da natureza, da arte ou de um ato de bondade pode nos tirar momentaneamente de nossas preocupações egóicas e nos conectar a algo maior. Praticar ativamente a *compaixão* e o *amor universal*, estendendo bons desejos a todos os seres, expande nosso círculo de identificação para além de nós mesmos. Engajar-se em atividades criativas ou outras que nos levem a *estados de fluxo* (flow), onde nos sentimos totalmente imersos e perdemos a noção do tempo e do eu separado, também pode ser uma forma de expansão.

Em última análise, a busca pela expansão da consciência não é apenas sobre ter experiências extraordinárias, mas sobre promover um crescimento pessoal profundo e duradouro. As pessoas que integram essas experiências frequentemente relatam um aumento na empatia e na compaixão, uma diminuição do medo da morte, uma maior clareza sobre seu propósito de vida, uma criatividade aprimorada e uma capacidade maior para o amor e o serviço. Esses são os frutos da evolução interior, reconhecidos tanto pela psicologia transpessoal (que estuda os potenciais mais elevados da natureza humana) quanto pelas tradições espirituais que visam a iluminação ou a auto-realização. Expandir nossa consciência é, talvez, a tarefa mais fundamental em nossa jornada para compreender e incorporar plenamente nossa natureza como Almas Quânticas, seres de luz e potencial ilimitados participando na dança cósmica da criação.

Capítulo 26
Sincronicidade

Nossa exploração das conexões ocultas na natureza, como a não-localidade e o entrelaçamento, nos mostrou que o universo pode ser interligado de maneiras que desafiam nossa compreensão linear de causa e efeito. Agora, vamos nos voltar para um tipo diferente de conexão misteriosa, uma que parece operar não através de influências físicas diretas, mas através do *significado* e do *padrão*: a sincronicidade. Cunhado pelo psicólogo suíço Carl Gustav Jung, o termo descreve aquelas "coincidências significativas" que nos surpreendem e encantam, eventos que parecem conectados de forma tão relevante que desafiam a explicação pelo mero acaso, sugerindo uma ordem oculta ou uma inteligência subjacente operando em nossas vidas.

Todos nós já experimentamos momentos assim, que nos deixam com uma sensação de espanto ou de que algo mais profundo está acontecendo. Você pensa intensamente em um amigo com quem não fala há anos e, momentos depois, o telefone toca e é ele. Você está lutando com uma questão específica e, ao abrir um livro aleatoriamente ou ouvir uma conversa alheia, encontra a resposta exata que precisava. Você tem um sonho vívido com um símbolo raro e obscuro e, no dia seguinte, encontra esse mesmo símbolo repetidamente em lugares inesperados. Ou talvez uma série de eventos aparentemente não relacionados – um encontro casual, uma informação inesperada, uma oportunidade que surge do nada – converge de forma quase milagrosa para resolver um problema complexo ou abrir um novo caminho em sua vida. Essas ocorrências, quando carregadas de um forte senso de significado pessoal e timing perfeito, são exemplos clássicos de sincronicidade. Elas se distinguem das meras coincidências estatísticas (como duas pessoas na mesma sala terem o mesmo aniversário) pela sua qualidade numinosa, pela sensação de que há uma mensagem ou um propósito por trás da coincidência.

Foi Carl Jung quem primeiro investigou sistematicamente esse fenômeno e lhe deu um nome. Ele definiu a sincronicidade como um *princípio de conexão acausal*. Diferente da causalidade, que descreve a ligação familiar entre causa e efeito através do tempo, a sincronicidade descreveria a ligação entre eventos (geralmente um evento psíquico interior, como um pensamento ou sonho, e um evento físico exterior) que ocorrem de forma aproximadamente simultânea (ou em estreita sucessão temporal) e cuja conexão reside em seu *significado* compartilhado ou em seu padrão simbólico, não em uma influência direta de um sobre o outro. Para Jung, essas coincidências significativas não eram meros acasos, mas sim manifestações de uma ordem subjacente na natureza, uma harmonia preestabelecida ou uma dinâmica que conecta a psique individual ao mundo material através do significado. Ele acreditava que a sincronicidade era particularmente provável de ocorrer em momentos de grande carga emocional, transformação pessoal ou quando arquétipos poderosos do inconsciente coletivo estavam ativados na psique do indivíduo.

Jung especulou que o *Inconsciente Coletivo*, com seus arquétipos universais, poderia desempenhar um papel mediador na ocorrência de sincronicidades. Quando um indivíduo está profundamente engajado com um arquétipo (seja através de sonhos, trabalho terapêutico ou desafios de vida), essa energia arquetípica poderia, de alguma forma, "organizar" ou "atrair" eventos no mundo exterior que espelham simbolicamente o processo interior. Seria como se a psique e a matéria fossem dois aspectos de uma mesma realidade subjacente, capazes de entrar em ressonância e se refletir mutuamente através do significado compartilhado.

É fascinante notar que Jung desenvolveu suas ideias sobre sincronicidade em colaboração e diálogo com o físico Wolfgang Pauli, um dos pioneiros da mecânica quântica e ganhador do Prêmio Nobel. Pauli, inicialmente cético, tornou-se profundamente interessado no conceito, reconhecendo paralelos entre a natureza acausal da sincronicidade e certos aspectos da física quântica, como as correlações não-locais no entrelaçamento (onde o estado de partículas distantes está ligado sem uma causa local viajando entre elas). Embora não tenham chegado a uma teoria completa, Jung e Pauli especularam juntos que a sincronicidade poderia representar um princípio fundamental da natureza, complementar à causalidade, talvez emergindo da interação entre as leis da física e a dinâmica da psique. Pauli chegou a sugerir que a ciência futura precisaria incorporar tanto a física quanto a psicologia profunda para compreender plenamente a realidade.

Embora a física quântica não forneça uma explicação direta para a sincronicidade no sentido junguiano (que envolve significado e consciência), podemos traçar algumas analogias conceituais. Assim como o entrelaçamento revela correlações acausais entre sistemas físicos distantes, a sincronicidade sugere correlações acausais entre estados mentais e eventos físicos, baseadas em significado. Poderia a consciência individual, ao focar em certos temas ou arquétipos, influenciar sutilmente o campo de probabilidades quânticas do ambiente, tornando mais provável a manifestação de eventos que ressoam significativamente com o estado interior? Essa é uma especulação que nos leva de volta à ideia de um universo participativo, onde a consciência não é separada do mundo, mas interage com ele de maneiras que vão além da causalidade clássica.

Na esfera espiritual e no desenvolvimento pessoal, as sincronicidades são frequentemente interpretadas de forma muito direta e prática: como *mensagens* ou *sinais* do Universo, de Deus, de guias espirituais ou do nosso próprio Eu Superior. Elas podem ser vistas como confirmações de que estamos no caminho certo, como respostas a perguntas que fizemos, como alertas para prestar atenção a algo importante, ou como "cutucões" divinos nos guiando em uma direção específica. Experimentar um fluxo crescente de sincronicidades é muitas vezes considerado um sinal de que estamos vivendo em maior alinhamento com nosso propósito de alma e com a inteligência maior do cosmos. Essa perspectiva convida a uma leitura simbólica dos eventos da vida, a buscar o significado oculto por trás das coincidências e a confiar na orientação sutil que o universo parece nos oferecer.

É importante, claro, abordar a interpretação das sincronicidades com equilíbrio e discernimento. A tendência humana de encontrar padrões e significado pode, por vezes, nos levar a ver conexões onde não existem ou a superinterpretar coincidências triviais. É preciso evitar a superstição e manter o pensamento crítico. No entanto, negar a possibilidade de coincidências genuinamente significativas seria fechar os olhos para um aspecto misterioso e potencialmente importante da experiência humana. O convite é para cultivar a *atenção plena* aos eventos de nossa vida, notar as coincidências que nos tocam profundamente, refletir sobre seu possível significado *pessoal* (pois o significado é muitas vezes subjetivo) e usar essas ocorrências como oportunidades para introspecção e crescimento, sem necessariamente construir teorias grandiosas sobre elas. Manter um diário de sincronicidades pode ser uma ferramenta útil para observar padrões e aprofundar a compreensão.

Em última análise, o fenômeno da sincronicidade reforça a visão de um universo onde mente e matéria, interior e exterior, não estão rigidamente separados, mas sim em um diálogo constante e misterioso. Ele sugere que a realidade pode ter uma dimensão de significado e padrão que opera paralelamente às leis da causalidade física. A ocorrência de coincidências significativas aponta para uma conexão mais profunda, talvez mediada por campos de informação ou pela própria consciência coletiva, onde nossos estados internos podem se espelhar ou se manifestar em eventos externos de maneiras sutis, mas poderosas. A sincronicidade nos lembra que vivemos em um cosmos potencialmente inteligente e responsivo, um universo que não apenas existe, mas que talvez também nos fale através da linguagem dos símbolos e do significado, reforçando a profunda unidade entre a Alma Quântica e a tapeçaria da existência.

Capítulo 27
Sabedoria Antiga

À medida que navegamos pelas águas profundas e por vezes turbulentas da física quântica e suas implicações para a consciência e a realidade, pode surgir a impressão de que estamos lidando com ideias inteiramente novas, conceitos revolucionários que rompem radicalmente com toda a história do pensamento humano. No entanto, ao voltarmos nosso olhar para as grandes tradições de sabedoria espiritual e filosófica que floresceram em diferentes culturas e épocas, descobrimos algo notável: muitos dos insights que hoje nos parecem emergir da vanguarda da ciência encontram paralelos surpreendentes, por vezes quase literais, nos ensinamentos de sábios, místicos e filósofos que viveram séculos ou mesmo milênios atrás. Parece que a intuição humana, através da introspecção profunda, da observação sutil da natureza e da experiência mística direta, foi capaz de vislumbrar verdades fundamentais sobre o cosmos que a ciência moderna está apenas começando a redescobrir e a validar com sua própria linguagem e metodologia. Esta convergência entre o conhecimento antigo e o moderno não apenas valida ambas as abordagens, mas também nos oferece uma compreensão mais rica e integrada da realidade e de nosso lugar nela.

No coração das tradições filosóficas e religiosas da Índia, particularmente no *Vedanta* (a culminação dos Vedas), encontramos conceitos que ressoam poderosamente com a visão quântica e holística. A noção de *Brahman* descreve a Realidade Última, a Consciência Cósmica una, imanente e transcendente, indiferenciada, imutável, que é a fonte e a substância de toda a existência. Tudo o que vemos e experimentamos seria apenas uma manifestação ou aparência (Maya) dessa realidade única. Paralelamente, *Atman* representa a alma individual, o Eu mais profundo de cada ser, que, em sua essência, é idêntico a Brahman. A famosa máxima védica *"Tat Tvam Asi"* ("Tu És Aquilo") expressa essa unidade fundamental entre o indivíduo e o absoluto. Como não ver aqui um paralelo com a busca científica por um Campo Unificado, a ideia de uma Consciência universal subjacente (como no idealismo quântico ou panpsiquismo) e a percepção quântica da matéria como uma manifestação energética e talvez ilusória em sua solidez aparente (ecoando *Maya*)?

O *Budismo*, que surgiu a partir do contexto hindu, aprofunda a análise da natureza da realidade com os conceitos de *Shunyata* (Vazio) e *Pratītyasamutpāda* (Origem Interdependente). Shunyata não significa niilismo ou que nada existe, mas sim que todos os fenômenos, incluindo nós mesmos, são "vazios" de existência inerente, independente e permanente. Nada possui uma essência isolada; tudo surge e existe em dependência de causas e condições, em uma vasta rede de interconexão. A Origem Interdependente descreve precisamente essa teia de relações mútuas, onde cada coisa afeta e é afetada por todas as outras. Essa visão de uma realidade fluida, interconectada e desprovida de entidades autônomas encontra uma ressonância impressionante com a imagem quântica do universo, onde partículas estão entrelaçadas não-localmente, onde a realidade emerge de relações e interações, e onde a impermanência (Anicca, outro conceito budista central) é refletida no fluxo constante de energia e informação nos campos quânticos.

No *Taoísmo* da China antiga, encontramos o conceito do *Tao*, o "Caminho", a fonte primordial e o princípio ordenador inefável que permeia toda a natureza, operando espontaneamente e sem esforço (*Wu Wei*). O Tao se manifesta através da interação dinâmica das duas forças polares e complementares, *Yin* (feminino, passivo, escuro, receptivo) e *Yang* (masculino, ativo, claro, penetrante). O equilíbrio harmonioso entre Yin e Yang é visto como a chave para a saúde e a harmonia no indivíduo e no cosmos. Novamente, podemos traçar paralelos: o Tao como análogo a um Campo Unificado ou à ordem implicada de Bohm; e a complementaridade dinâmica de Yin e Yang como um eco do Princípio da Complementaridade de Bohr (onda/partícula) e de outras dualidades fundamentais (energia/matéria, positivo/negativo) que se resolvem em uma unidade maior na física.

Voltando ao Ocidente, as tradições esotéricas e filosóficas também oferecem vislumbres dessa sabedoria convergente. O *Hermetismo*, uma tradição que remonta ao Egito antigo e à Grécia helenística, encapsulada em textos como o *Caibalion*, enuncia princípios que parecem prefigurar descobertas modernas. O Princípio do Mentalismo ("O TODO é MENTE; O Universo é Mental") alinha-se com visões idealistas ou participativas da realidade, onde a consciência é primária. O Princípio da Correspondência ("Assim como é em cima, é embaixo; assim como é embaixo, é em cima") ecoa a ideia de um universo holográfico ou fractal, com padrões se repetindo em diferentes escalas (microcosmo/macrocosmo). O Princípio da Vibração ("Nada está parado; tudo se move; tudo vibra") antecipa a visão moderna da matéria como energia em constante vibração. Na filosofia grega clássica, Platão falava de um reino transcendental das *Formas* ou Ideias perfeitas, do qual o mundo físico seria apenas uma sombra imperfeita – uma ideia que pode ser especulativamente relacionada aos conceitos modernos de campos de informação ou arquétipos que moldam a realidade manifesta. Heráclito, com sua famosa máxima *"Panta rhei"* ("Tudo flui"), capturou a natureza dinâmica e impermanente da realidade que a física moderna viria a confirmar.

As *tradições indígenas* e *xamânicas* ao redor do mundo, embora diversas, frequentemente compartilham uma visão de mundo animista, onde o espírito ou a força vital permeia toda a natureza – rios, montanhas, plantas, animais. Elas enfatizam a profunda interconexão de toda a vida e a existência de realidades ou dimensões não-ordinárias acessíveis através de estados alterados de consciência, conhecimentos que ressoam com o holismo, o panpsiquismo potencial e a multidimensionalidade que temos discutido.

Mesmo em tradições mais recentes, como o *Espiritismo* codificado por Allan Kardec no século XIX, encontramos conceitos que dialogam com a visão emergente. A noção central do *perispírito* – um corpo semi-material e fluídico que serve de ligação entre a alma imortal e o corpo físico, persiste após a morte e evolui através de múltiplas encarnações – pode ser vista como uma descrição intuitiva de um campo bioenergético ou de um corpo sutil, talvez relacionado aos campos quânticos associados à consciência ou à informação quântica que alguns teorizam poder sobreviver à morte cerebral. A ênfase espírita na evolução moral e intelectual do espírito através de experiências sucessivas também se alinha com o tema mais amplo do desenvolvimento e expansão da consciência que permeia nossa investigação.

O que emerge desse breve panorama é uma visão impressionante da convergência entre o conhecimento antigo e o moderno. Sábios e místicos de diferentes culturas, utilizando a introspecção, a contemplação e a experiência direta como suas ferramentas de investigação, parecem ter acessado insights profundos sobre a natureza fundamental da realidade – sua unidade subjacente, sua natureza energética e vibracional, sua impermanência, a relatividade da percepção, o poder criativo da mente e a existência de dimensões ou níveis de ser para além do físico. Essas verdades, expressas através de linguagens simbólicas, míticas e filosóficas, estão sendo, de certa forma, redescobertas e corroboradas pela ciência moderna, que chega a conclusões semelhantes através de sua própria metodologia rigorosa de observação externa, experimentação e modelagem matemática.

Isso não significa que a ciência esteja simplesmente "provando" a espiritualidade, ou que as visões antigas fossem idênticas às teorias científicas atuais em todos os detalhes. Significa, sim, que podemos reconhecer a ciência e a espiritualidade como caminhos potencialmente convergentes na busca humana pela verdade e pela compreensão. A "novidade" das descobertas quânticas muitas vezes reside na confirmação, em uma nova linguagem, da "antiguidade" da sabedoria espiritual. Essa percepção nos convida a cultivar um profundo respeito pelo conhecimento ancestral e a reconhecer que a intuição e a experiência interior podem ser fontes válidas de conhecimento sobre a realidade, complementares à investigação científica. A integração dessas duas grandes formas de saber nos oferece uma base muito mais rica e completa para compreendermos o universo e nosso lugar nele, reconhecendo a Alma Quântica como uma entidade cuja natureza ressoa através das eras e das culturas, do átomo ao absoluto.

Capítulo 28
Convergência Atual

Após séculos de uma separação muitas vezes vista como intransponível, onde a ciência focava no mundo material objetivo e a espiritualidade no reino interior da fé e da experiência subjetiva, estamos hoje, em março de 2025, testemunhando um movimento fascinante e crescente em direção ao diálogo, à integração e à convergência. As ideias revolucionárias da física quântica, os mistérios persistentes da consciência, as descobertas da neurociência sobre a plasticidade cerebral e os efeitos da meditação, juntamente com uma redescoberta e revalorização da sabedoria ancestral, estão criando um terreno fértil para que as antigas muralhas entre ciência e espírito comecem a ruir. Vivemos um momento histórico de potencial síntese, onde uma visão de mundo mais holística e integrada parece estar emergindo.

Essa aproximação não é apenas teórica; ela se manifesta em iniciativas concretas e no trabalho de indivíduos e instituições dedicadas a construir pontes. Um exemplo notável é o *Mind and Life Institute*, co-fundado pelo neurocientista Francisco Varela, pelo empresário Adam Engle e por Sua Santidade o Dalai Lama. Desde 1987, o instituto promove diálogos rigorosos e colaborativos entre o Dalai Lama e cientistas de renome mundial – físicos, neurocientistas, psicólogos, biólogos – explorando temas cruciais como a natureza da consciência, a percepção, as emoções destrutivas, a compaixão e a ética. Essas conversas pioneiras não apenas geraram respeito mútuo entre as tradições contemplativas budistas e a ciência moderna, mas também inspiraram novas linhas de pesquisa científica sobre os efeitos da meditação e o potencial da mente humana.

Outra organização fundamental nesse cenário é o *Institute of Noetic Sciences (IONS)*, fundado em 1973 pelo astronauta da Apollo 14, Dr. Edgar Mitchell. Após sua experiência transformadora no espaço, onde teve uma percepção direta da unidade e interconexão do cosmos (o "Overview Effect"), Mitchell dedicou sua vida a promover a investigação científica rigorosa das "ciências noéticas" – o estudo do potencial e dos poderes da consciência. O IONS tem patrocinado e conduzido pesquisas sobre fenômenos como meditação, cura à distância, percepção extrassensorial, experiências de quase-morte e a própria natureza da consciência, buscando aplicar métodos científicos para explorar os aspectos da realidade que transcendem o paradigma materialista.

Além dessas instituições, vemos um número crescente de cientistas respeitados em suas áreas que, sem abandonar o rigor científico, demonstram abertura para explorar temas tradicionalmente considerados espirituais ou metafísicos. O físico Fritjof Capra, já em 1975 com seu best-seller "O Tao da Física", traçou paralelos eloquentes entre os conceitos da física moderna (quântica e relatividade) e os ensinamentos do misticismo oriental. O físico Amit Goswami tornou-se um proeminente defensor do idealismo quântico, argumentando que a consciência é o fundamento da realidade. Biólogos como Rupert Sheldrake, embora controversos, desafiam os dogmas materialistas com suas teorias sobre campos mórficos. Neurocientistas como Richard Davidson, da Universidade de Wisconsin-Madison, conduzem pesquisas de ponta sobre as bases neurais da meditação e das emoções positivas, colaborando frequentemente com contemplativos experientes. Pesquisadores médicos como Pim van Lommel e Bruce Greyson publicam estudos sobre experiências de quase-morte em revistas médicas revisadas por pares, trazendo o tema para o debate científico sério. Psicólogos como Stanislav Grof ajudaram a fundar a psicologia transpessoal, um ramo que estuda explicitamente as dimensões espirituais e transcendentes da experiência humana. Essas vozes, vindas de dentro da própria comunidade científica, são cruciais para legitimar e expandir o diálogo.

Paralelamente a esses desenvolvimentos acadêmicos e de pesquisa, observamos a notável integração de práticas antes consideradas esotéricas ou exclusivamente espirituais na cultura dominante. A *meditação mindfulness* (atenção plena), derivada de práticas budistas mas frequentemente apresentada de forma secular, explodiu em popularidade nas últimas décadas. Ela é agora ensinada em hospitais, escolas, empresas e centros de psicoterapia, com uma vasta literatura científica documentando seus benefícios para a redução do estresse, ansiedade, depressão, melhora da atenção, regulação emocional e bem-estar geral. A neurociência validou o que os contemplativos sabiam há séculos: treinar a mente através da meditação pode realmente mudar o cérebro e melhorar a qualidade de vida. Da mesma forma, a *medicina integrativa* ganha cada vez mais espaço, buscando combinar os tratamentos eficazes da medicina convencional com abordagens complementares que tratam a pessoa como um todo – mente, corpo e espírito. Terapias como acupuntura, yoga, tai chi, reiki, massagem terapêutica e aconselhamento nutricional e de estilo de vida são cada vez mais oferecidas em hospitais e clínicas como parte de um cuidado mais holístico.

Essa tendência reflete uma crescente insatisfação com as limitações de uma visão de mundo estritamente materialista, que reduz a realidade apenas à matéria e energia físicas e considera a consciência um mero subproduto do cérebro. Dentro da própria ciência, vozes se levantam pedindo uma expansão do paradigma. Em 2014, um grupo de cientistas publicou o "Manifesto por uma Ciência Pós-Materialista", argumentando que o dogma materialista impõe restrições desnecessárias à investigação científica e que é hora de a ciência levar a sério o estudo da mente e da consciência como aspectos fundamentais da realidade, explorando fenômenos como psi e sobrevivência da consciência com métodos rigorosos, mas sem preconceitos filosóficos.

É verdade que essa convergência também se reflete, por vezes de forma confusa ou superficial, na cultura popular. Termos como "quântico" são frequentemente usados de maneira vaga em contextos de autoajuda ou espiritualidade ("cura quântica", "salto quântico", "pensamento quântico"), muitas vezes sem uma compreensão real da física por trás deles. No entanto, mesmo essa popularização um tanto imprecisa indica uma fascinação coletiva genuína com a possibilidade de unir a ciência moderna e a espiritualidade, um desejo profundo por uma visão de mundo que integre o conhecimento objetivo com a experiência subjetiva e o sentido de propósito.

Além do burburinho popular, iniciativas sérias continuam a avançar nas fronteiras. Experimentos cada vez mais sofisticados investigam a interação mente-matéria. Estudos longitudinais acompanham os efeitos de práticas contemplativas no cérebro e na saúde ao longo do tempo. Modelos teóricos complexos tentam descrever a natureza da consciência e sua relação com a física. Universidades ao redor do mundo começam a oferecer cursos e até programas de pós-graduação focados na intersecção entre ciência, consciência, espiritualidade e bem-estar.

Estamos, portanto, vivendo em uma época de notável *síntese*. As antigas divisões cartesianas entre mente e matéria, sujeito e objeto, ciência e espírito, estão se tornando cada vez mais porosas e questionadas. Percebemos que uma compreensão completa da realidade provavelmente exigirá a integração de múltiplas formas de conhecimento: a investigação rigorosa do mundo exterior através do método científico e a exploração disciplinada do mundo interior através da introspecção, da contemplação e da experiência direta. Não se trata de escolher entre razão e intuição, mas de honrar e integrar ambas.

Essa convergência atual é mais do que uma mera tendência intelectual; ela sinaliza o nascimento potencial de um novo paradigma para o século XXI – um paradigma mais holístico, integrado e consciente. Viver neste momento histórico nos oferece a oportunidade única de participar ativamente dessa síntese, de construir pontes entre a sabedoria ancestral e o conhecimento moderno, não apenas para expandir nossa compreensão do universo e de nós mesmos, mas também para inspirar soluções mais criativas e compassivas para os desafios que enfrentamos como humanidade. A convergência entre ciência e espiritualidade não é apenas sobre reconciliar ideias; é sobre catalisar a próxima etapa da evolução consciente em nosso planeta.

Capítulo 29
Aplicações Práticas

Ao longo deste livro, viajamos pelas fronteiras da física moderna e da sabedoria ancestral, explorando uma visão de realidade onde energia e consciência são fundamentais, onde o universo é interconectado, participativo e potencialmente multidimensional. Compreendemos, conceitualmente, que podemos ser mais do que apenas corpos físicos isolados; somos "Almas Quânticas", seres de energia e consciência com um potencial muito maior do que imaginávamos. Mas como essa compreensão profunda se traduz em nossa vida cotidiana? De que forma podemos aplicar esses insights para viver de maneira mais plena, consciente e realizada? Este capítulo visa justamente construir essa ponte, transformando os conceitos abstratos em ferramentas práticas e exemplos concretos para o dia a dia. O conhecimento da nossa natureza quântica não é apenas para contemplação intelectual; é um chamado para uma nova forma de ser e agir no mundo.

Uma das aplicações mais diretas e poderosas reside no uso consciente da nossa intenção. Se vivemos em um universo participativo onde nossa observação e foco podem influenciar as probabilidades, podemos começar cada dia com uma prática intencional. Reserve alguns momentos pela manhã, antes de mergulhar na agitação do dia, para visualizar ou definir uma intenção clara para as próximas horas. Como você deseja que seu dia se desenrole? Que qualidades você quer incorporar (paz, eficiência, alegria, compaixão)? Que resultados positivos você gostaria de ver? Utilize a *visualização criativa*: imagine vividamente seu dia transcorrendo de forma harmoniosa, veja-se lidando com desafios com calma e sabedoria, sinta a satisfação de suas interações e realizações. Ao fazer isso, você não está apenas se preparando psicologicamente, mas potencialmente "projetando" uma frequência energética, "colapsando" probabilidades favoráveis no campo quântico de seu dia. É um ato de co-criação consciente do seu futuro imediato.

Outra área crucial é a gestão de nosso estado interior, nossa "vibração" energética. Se nossos pensamentos e emoções emitem frequências que atraem experiências correspondentes (como sugere a Lei da Atração e a ideia de ressonância), torna-se fundamental cultivar a autoconsciência. A prática do *mindfulness*, ou atenção plena, é uma ferramenta essencial aqui. Ao longo do dia, procure observar seus pensamentos e emoções sem julgamento. Perceba os padrões habituais: você tende a ruminar sobre preocupações? A criticar a si mesmo ou aos outros? A focar na escassez? Esses padrões geram frequências energéticas baixas que podem perpetuar ciclos negativos. A consciência é o primeiro passo para a mudança. Uma vez ciente, você pode escolher conscientemente mudar o foco. Cultive ativamente pensamentos e sentimentos de *gratidão* pelo que você já tem, *compaixão* por si mesmo e pelos outros, *otimismo* em relação ao futuro e *alegria* nos pequenos momentos. Isso não significa ignorar as dificuldades, mas sim escolher não se deixar dominar por vibrações negativas. Ao elevar sua frequência interior predominante, você se alinha energeticamente com experiências mais positivas e harmoniosas.

Nos relacionamentos interpessoais, a compreensão da unidade e do entrelaçamento quântico pode cultivar o que poderíamos chamar de *empatia quântica*. Quando surgirem conflitos, desentendimentos ou mágoas, lembre-se: em um nível fundamental, não estamos separados. A pessoa à sua frente, mesmo que suas ações ou palavras o incomodem, é parte da mesma teia cósmica que você. Ferir o outro, energeticamente ou emocionalmente, é, em última instância, ferir a si mesmo. Essa percepção pode suavizar o julgamento, facilitar a comunicação a partir de um lugar de compreensão e tornar o perdão (a si mesmo e ao outro) um processo mais natural. Tente ver além do comportamento superficial e conectar-se com a essência, a "Alma Quântica" compartilhada, que existe por baixo das máscaras do ego. Isso pode transformar radicalmente a dinâmica de seus relacionamentos.

No ambiente de trabalho, nos estudos ou em projetos criativos, podemos aprender a integrar a análise racional com a *intuição*. Enquanto a lógica e o planejamento são importantes, a visão quântica nos lembra que também temos acesso a um vasto campo de informação e potencial criativo (seja o inconsciente coletivo, campos mórficos ou o próprio campo quântico). Esteja aberto a insights súbitos, "corazonadas", ideias que parecem vir "do nada". Confie nesses lampejos intuitivos como mensagens valiosas. Ao combinar a análise rigorosa com a receptividade à intuição, podemos encontrar soluções mais inovadoras, tomar decisões mais sábias e navegar pelos desafios com mais fluidez e criatividade.

Na área da saúde, a perspectiva da Alma Quântica nos incentiva a adotar uma abordagem verdadeiramente holística, integrando cuidados com o corpo físico, a mente, as emoções e a energia. Incorpore práticas mente-corpo em sua rotina diária ou semanal. A *meditação* regular, mesmo que por poucos minutos diários, pode reduzir drasticamente os níveis de estresse (diminuindo o cortisol e a inflamação), clarear a mente e fortalecer a conexão interior. Práticas de *movimento consciente* como Yoga, Tai Chi ou Qigong ajudam a liberar tensões, harmonizar o fluxo de energia vital (Chi/Prana) e integrar corpo e mente. A *respiração consciente* é uma ferramenta simples e poderosa, sempre disponível, para acalmar o sistema nervoso e centrar a consciência no presente. Veja essas práticas não como obrigações, mas como atos essenciais de autocuidado e manutenção de seu veículo físico-energético.

Vemos exemplos dessas aplicações no mundo. Atletas de elite que visualizam a vitória com intensidade e detalhe, programando suas mentes e corpos para o desempenho máximo. Empreendedores de sucesso que atribuem parte de seus resultados a uma visão clara, uma mentalidade positiva inabalável e a capacidade de agir com base na intuição. Empresas que implementam programas de mindfulness para reduzir o estresse dos funcionários, aumentar o foco e estimular a criatividade. Esses exemplos tornam palpável a ideia de que nossos estados internos e nosso foco mental têm consequências reais e mensuráveis no mundo exterior.

Podemos também estender essa consciência energética para nossos *ambientes*. Nossas casas, locais de trabalho e os espaços que frequentamos também possuem uma "vibração". Podemos influenciá-la positivamente através de ações simples como manter a organização e a limpeza, trazer elementos da natureza (plantas, luz natural), usar cores, sons ou aromas que nos elevem, ou mesmo através da intenção consciente de "limpar" ou "abençoar" o espaço energeticamente. Igualmente importante é a energia das pessoas com quem convivemos. Cercar-nos de pessoas positivas, construtivas e que nos apoiam cria uma ressonância coletiva benéfica (uma egrégora positiva), enquanto a exposição constante à negatividade pode drenar nossa energia. Escolher conscientemente nossos ambientes e companhias é também uma forma de gerenciar nossa energia.

Finalmente, a compreensão de um universo interconectado e responsivo nos lembra do antigo princípio espiritual da *lei do retorno* ou *karma*: aquilo que emitimos para o universo – em pensamentos, palavras, emoções e ações – tende a retornar para nós de alguma forma. Viver com integridade, agir com bondade, pensar com compaixão não são apenas preceitos morais, mas atitudes que nos alinham com o fluxo harmonioso de um cosmos onde tudo está ligado e tudo reverbera.

Em resumo, perceber-se como uma Alma Quântica não é um exercício puramente filosófico; é um convite para viver de forma diferente. Oferece um conjunto de ferramentas e perspectivas para navegar pela vida com mais consciência, intenção, criatividade e conexão. Ao aplicar esses princípios – usando a intenção focada, gerenciando nossa vibração interior, cultivando empatia quântica, integrando intuição, cuidando de nossa saúde holística e criando ambientes ressonantes – passamos de espectadores passivos a participantes ativos na co-criação de nossa realidade. É o caminho para incorporar, na prática diária, a verdade profunda de nossa natureza energética e consciente em um universo vivo e interligado.

Capítulo 30
Evolução da Consciência

Nossa exploração da Alma Quântica nos revelou uma imagem do ser humano e do universo que é dinâmica, interconectada e profundamente participativa. Vimos que a consciência não é um mero espectador passivo, mas um elemento fundamental, talvez até primário, na tapeçaria da realidade. Se a consciência é tão central, ela é algo estático e imutável, ou ela própria está sujeita a um processo de desenvolvimento, de evolução? A resposta, ecoando tanto em teorias científicas sobre a evolução da cognição quanto em profundos ensinamentos espirituais sobre a jornada da alma, parece ser um retumbante sim. A consciência, tanto no nível individual quanto no coletivo da humanidade, parece estar em uma trajetória de desdobramento contínuo, e o momento atual, com sua convergência sem precedentes entre ciência e espiritualidade, pode representar um estágio particularmente crucial nessa evolução.

Podemos traçar, em linhas gerais, uma possível trajetória da evolução da consciência humana ao longo da história. Nos primórdios, a consciência humana parecia estar mais imersa na natureza, guiada por instintos de sobrevivência, medos primários e uma forte identificação com o grupo ou tribo (consciência *arcaica* ou *instintual*). Com o desenvolvimento da linguagem e do pensamento simbólico, emergiu uma consciência *mágica* e *mítica*, onde o mundo era explicado através de mitos, rituais e forças invisíveis, e a participação no cosmos era sentida de forma mais direta, embora menos diferenciada. Gradualmente, especialmente com o advento da agricultura, das cidades, da escrita e da filosofia grega, desenvolveu-se a consciência *mental-racional*. A lógica, a razão abstrata, a análise e o pensamento conceitual tornaram-se ferramentas poderosas para compreender e manipular o mundo. O indivíduo emergiu com uma autoconsciência mais forte, mas muitas vezes à custa de uma sensação de separação da natureza e do todo. A Revolução Científica e o Iluminismo representaram o ápice dessa fase racional, trazendo imensos avanços tecnológicos e uma compreensão mecanicista do universo, mas também aprofundando a divisão entre matéria e espírito, sujeito e objeto.

    Hoje, muitos filósofos, psicólogos e pensadores espirituais sugerem que estamos potencialmente entrando em uma nova fase, uma fase de consciência *integrativa* ou *holística*. Impulsionados pela globalização, pela crise ecológica que nos força a reconhecer nossa interdependência planetária, pelos desafios éticos das novas tecnologias e, crucialmente, pela convergência entre as descobertas da ciência de vanguarda (como a física quântica) e a redescoberta da sabedoria contemplativa, somos chamados a transcender e incluir as fases anteriores. A consciência integrativa busca harmonizar a razão com a intuição, o pensamento analítico com a percepção holística, a autonomia individual com a responsabilidade coletiva, a compreensão científica com a experiência espiritual. Ela reconhece a validade de múltiplas formas de conhecimento e busca uma visão de mundo que honre tanto a matéria quanto o espírito, o cérebro quanto a mente, a parte quanto o todo.

Essa ideia de um desenvolvimento progressivo da consciência encontra um forte apoio na perspectiva espiritual que vê a vida como uma *escola para a alma*. Muitas tradições, especialmente aquelas que incluem a crença na reencarnação, ensinam que nossa existência não se limita a uma única vida, mas é parte de uma longa jornada evolutiva. Cada encarnação, com seus desafios, relacionamentos, aprendizados e oportunidades de serviço, seria uma oportunidade para a alma (ou consciência individual) desenvolver qualidades essenciais como sabedoria, amor, compaixão, humildade e autoconsciência. Os sofrimentos e as dificuldades não seriam punições, mas sim lições valiosas projetadas para nosso crescimento. Nessa visão, a própria vida se torna um currículo cósmico para a expansão da consciência.

Alguns pensadores tentaram aplicar essa perspectiva evolutiva não apenas ao indivíduo, mas à humanidade como um todo. O já mencionado Teilhard de Chardin, com sua visão da *Noosfera* e do *Ponto Ômega*, postulou que a evolução cósmica tem uma direção inerente (ortogênese) no sentido de uma crescente complexidade e interiorização da consciência. Ele previu um futuro onde a consciência humana, impulsionada pela socialização e pela tecnologia, se unificaria em uma escala planetária, culminando em um ponto de convergência e união com o Divino. O pensador contemporâneo Peter Russell também fala sobre a possibilidade de uma aceleração exponencial na evolução da consciência, uma espécie de "explosão da consciência" análoga à explosão Cambriana na evolução biológica, talvez impulsionada pela crise global e pela rápida disseminação de informações e práticas transformadoras.

Podemos identificar sinais no mundo atual que parecem corroborar a ideia de que uma mudança significativa na consciência coletiva está em andamento? A crescente preocupação com questões humanitárias globais, direitos humanos, justiça social e, especialmente, com a crise ecológica, sugere uma expansão do círculo de empatia para além dos limites da família, tribo ou nação, abrangendo toda a humanidade e até mesmo outras formas de vida. O interesse sem precedentes por práticas como meditação, mindfulness, yoga, psicoterapia e diversas formas de espiritualidade não-dogmática indica uma busca coletiva por significado, bem-estar interior e autoconhecimento que vai além dos valores puramente materialistas. A própria tecnologia da informação, com a internet conectando bilhões de mentes em uma rede global instantânea, pode ser vista como uma infraestrutura física para a Noosfera emergente, acelerando o intercâmbio de ideias e a formação de uma consciência planetária – embora também apresente riscos de desinformação e polarização.

A perspectiva espírita, codificada por Allan Kardec, oferece um quadro detalhado dessa evolução da consciência em um contexto cósmico. Ela postula que os espíritos (as almas individuais) progridem continuamente através de múltiplas encarnações, não apenas na Terra, mas em inúmeros mundos de diferentes graus evolutivos no universo – desde mundos primitivos, passando por mundos de provas e expiações (como a Terra atualmente), mundos de regeneração, até mundos ditosos ou celestes. O objetivo dessa jornada é o aperfeiçoamento moral e intelectual, aproximando-se cada vez mais da perfeição relativa e da felicidade. A própria humanidade terrestre, como coletividade de espíritos em um estágio similar de evolução, estaria passando por um período de transição, caminhando para se tornar um "mundo de regeneração", onde o bem prevalecerá sobre o mal. Essa visão oferece um quadro otimista e teleológico (orientado a um fim) para a história humana e cósmica.

Como essa grande narrativa da evolução da consciência se relaciona com nossa vida individual? Ela nos convida a ver nossas próprias lutas, aprendizados e crescimento pessoal não como eventos isolados e sem sentido, mas como parte integrante desse vasto processo evolutivo cósmico. Cada passo que damos em direção a uma maior autoconsciência, cada ato de compaixão, cada superação de um padrão limitante, cada busca por sabedoria e verdade contribui não apenas para nossa própria evolução, mas também para a elevação da consciência coletiva. Ao nos esforçarmos para nos tornarmos versões melhores de nós mesmos, estamos, de fato, ajudando a impulsionar a evolução da própria humanidade.

Nesse contexto, a visão de mundo "quântico-espiritual" que este livro busca apresentar não deve ser vista como um ponto final, mas sim como um catalisador crucial para a fase atual da evolução da consciência. Ao nos ajudar a reconhecer nossa natureza energética, nossa interconexão fundamental, nosso potencial co-criativo e a primazia da consciência, essa visão integrada nos fornece o mapa e a motivação para participarmos mais conscientemente dessa jornada evolutiva. Ela nos encoraja a construir pontes entre o conhecimento da ciência e a sabedoria do coração, entre o desenvolvimento pessoal e o serviço ao bem comum. A evolução da consciência é a grande aventura do nosso tempo, e cada Alma Quântica é chamada a desempenhar seu papel único e insubstituível nesse desdobramento magnífico rumo a um futuro de maior luz, amor e compreensão.

Capítulo 31
Propósito Cósmico

Após termos explorado a natureza energética da realidade, o mistério da consciência, a dança entre matéria e espírito, as conexões não-locais que nos unem e a possibilidade de uma evolução contínua da consciência, chegamos inevitavelmente à mais fundamental das perguntas humanas: *Por quê?* Por que existe este universo vasto e intrincado? Por que surgiu a vida em um pequeno planeta azul? Por que emergiu a consciência, capaz de observar, sentir, questionar e maravilhar-se diante de sua própria existência? Haveria uma intenção subjacente, um significado maior, um propósito cósmico por trás do desdobramento grandioso do espaço, do tempo, da matéria e da mente? Essa questão nos leva para além dos limites da ciência empírica, adentrando os domínios da filosofia e da espiritualidade, mas a visão de mundo quântico-espiritual que construímos pode oferecer perspectivas iluminadoras e profundamente significativas.

A própria ciência, ao investigar as leis e a estrutura do universo, deparou-se com um enigma que sugere, no mínimo, uma notável "conspiração" cósmica em favor da vida e da consciência. Trata-se do fenômeno do *ajuste fino* (fine-tuning). Os físicos descobriram que os valores das constantes fundamentais da natureza (como a constante gravitacional, a velocidade da luz, a carga do elétron, a massa das partículas elementares) e as leis que governam suas interações parecem ser extraordinariamente precisos, ajustados dentro de margens extremamente estreitas, para permitir a existência de um universo complexo e estável, capaz de gerar estrelas, planetas, química complexa e, finalmente, a vida como a conhecemos. Se qualquer uma dessas constantes fosse ligeiramente diferente, o universo seria drasticamente distinto e provavelmente estéril: talvez as estrelas não pudessem se formar ou queimassem rápido demais, talvez os átomos de carbono essenciais à vida não pudessem ser sintetizados, talvez o universo tivesse colapsado sobre si mesmo ou se expandido rápido demais para formar estruturas. O fato de vivermos em um universo que parece "feito sob medida" para a existência de observadores conscientes como nós é, no mínimo, surpreendente.

Essa observação levou à formulação do *Princípio Antrópico*. Em sua forma *fraca*, ele é quase uma tautologia: as condições que observamos no universo devem ser compatíveis com nossa existência como observadores, pois, caso contrário, não estaríamos aqui para observá-las. É um viés de seleção. No entanto, sua forma *forte* é mais controversa e teleológica (orientada a um fim): ela sugere que o universo *deve* ter propriedades que permitam o surgimento da vida e da consciência em algum estágio de sua história. Isso insinua que a existência de observadores conscientes pode ser, de alguma forma, um "propósito" ou um resultado "embutido" nas leis fundamentais do cosmos. Uma explicação alternativa popular para o ajuste fino, que evita a necessidade de propósito ou design, vem da hipótese do *Multiverso*: se existe um número infinito ou vastíssimo de universos paralelos, cada um com leis e constantes ligeiramente diferentes geradas aleatoriamente, então não seria surpreendente que, por puro acaso, alguns desses universos (como o nosso) tivessem as condições "certas" para a vida surgir. Nós simplesmente habitamos um dos universos "sortudos" que nos permite existir. Contudo, mesmo a hipótese do Multiverso não elimina completamente a questão do propósito em um nível mais fundamental: por que o mecanismo que gera universos produziria universos com o potencial para a vida? O ajuste fino, de qualquer forma que o interpretemos, nos convida a refletir sobre nosso lugar e nossa possível significância no grande esquema cósmico.

    Se a ciência moderna se depara com o enigma do ajuste fino, as tradições espirituais e filosóficas oferecem, há milênios, respostas diretas e profundas à questão do propósito cósmico. Um tema recorrente em muitas visões de mundo espirituais é que o universo existe para que a *Consciência primordial* (Deus, Fonte, Absoluto, Brahman) possa *experimentar a si mesma* de infinitas maneiras. A Unidade fundamental, para se conhecer plenamente, manifesta-se na multiplicidade, na diversidade, na forma, na limitação. O espírito se aventura na matéria, a consciência se individualiza em miríades de seres, para explorar todas as facetas de seu próprio potencial infinito através da experiência direta. No Hinduísmo, o conceito de *Lila* descreve poeticamente o universo como o "jogo divino", a dança lúdica da Consciência que se esconde e se revela a si mesma através da criação, simplesmente pela alegria da exploração e da autodescoberta. Outras tradições enfatizam o propósito como a *expansão do amor*, da *criatividade* ou da *sabedoria* no universo. A criação seria um ato de amor divino, e o propósito da existência seria o crescimento em capacidade de amar, de criar e de conhecer. Muitas vertentes espirituais falam também de um *plano divino* ou de uma *inteligência cósmica* guiando o processo evolutivo do universo e da consciência em direção a um estado de maior perfeição, harmonia ou retorno à Fonte.

Como nosso propósito individual se encaixa nesse quadro cósmico? Se o universo existe para a experiência e a evolução da consciência, então nossa própria vida, nossa jornada como Almas Quânticas, provavelmente encontra seu significado mais profundo quando alinhada com esse propósito maior. Não somos acidentes aleatórios em um universo indiferente, mas sim expressões individualizadas da Consciência universal, com um papel único a desempenhar. Nosso propósito de vida pode transcender a busca por sucesso material, prazer ou reconhecimento egoico, e incluir dimensões mais profundas como:

Aprender e Crescer: Utilizar nossas experiências, desafios e relacionamentos como oportunidades para expandir nossa sabedoria, compreensão e autoconsciência.

Amar e Conectar: Desenvolver nossa capacidade de empatia, compaixão e amor incondicional, reconhecendo e honrando nossa interconexão com todos os seres.

Criar e Servir: Expressar nossos dons e talentos únicos de forma autêntica, contribuindo para a beleza, a harmonia e o bem-estar do mundo ao nosso redor, servindo ao Todo.

Despertar: Realizar nossa verdadeira natureza como seres espirituais, como centelhas da Consciência divina, transcendendo as limitações do ego e vivendo a partir de nossa essência.

Podemos usar metáforas para ilustrar essa relação entre o propósito individual e o cósmico. Imagine a humanidade (ou toda a vida consciente) como as células de um vasto organismo cósmico. Cada célula tem sua função específica e especializada, e ao desempenhá-la bem, contribui para a saúde e o funcionamento harmonioso do organismo como um todo. Nosso propósito individual seria encontrar e realizar nossa função única dentro desse corpo maior. Ou pense na vida como uma grande peça de teatro cósmico: cada um de nós tem um papel a desempenhar, com seus dramas, comédias e aprendizados. Ao desempenharmos nossos papéis com autenticidade e consciência, não apenas enriquecemos a peça, mas também aprendemos lições valiosas que contribuem para o crescimento do grande "ator" universal que é a própria Consciência.

Talvez possamos integrar as perspectivas científica e espiritual sugerindo que o propósito cósmico é inerentemente *evolutivo* e *educacional*. O universo seria uma vasta escola de consciência, um ambiente projetado (ou selecionado) para permitir que a consciência surja, se individualize, experimente, aprenda, cresça e, finalmente, desperte para sua unidade fundamental. O ajuste fino observado pela ciência seria a condição necessária para que essa "escola" pudesse existir e funcionar. Nesse cenário, ao nos alinharmos com nosso próprio crescimento em consciência, amor e sabedoria, e ao contribuirmos para a evolução coletiva, não estamos apenas buscando nossa realização pessoal, mas também participando ativamente do propósito maior do próprio universo.

Essa visão oferece um poderoso antídoto para o sentimento de falta de sentido, alienação ou niilismo que pode afligir a mente moderna. A busca humana por propósito e significado não seria uma ilusão subjetiva, mas um anseio legítimo que encontra validação na própria estrutura de um cosmos consciente e intencional. Saber que nossa vida tem um propósito cósmico, que somos partes valiosas e significativas de um grande plano de evolução da consciência, pode nos infundir com uma sensação de dignidade, resiliência e inspiração para vivermos nossas vidas da forma mais plena e autêntica possível. A Alma Quântica encontra seu sentido mais profundo ao reconhecer e abraçar seu papel na grandiosa sinfonia da existência.

Capítulo 32
Despertar Quântico

Ao longo desta jornada exploratória, mergulhamos nas profundezas do universo quântico, contemplamos os mistérios da consciência, desvendamos os véus da separação entre matéria e espírito, e vislumbramos um cosmos interconectado pulsando com propósito e potencial evolutivo. Reunimos peças de um quebra-cabeça fascinante que sugere uma realidade muito mais rica, dinâmica e participativa do que a visão de mundo mecanicista nos legou. Agora, voltamos nosso olhar para o momento presente – este exato instante, aqui em Cambé, Paraná, Brasil, em 27 de março de 2025, e em todos os lugares onde a consciência humana respira e busca compreender a si mesma. Pois muitos sentem, intuitiva ou explicitamente, que estamos vivendo um tempo de transição profunda, um período de potencial despertar coletivo, onde as verdades antigas e as descobertas modernas convergem para catalisar uma transformação na consciência humana – um verdadeiro "Despertar Quântico".

Essa sensação de mudança não é apenas uma teoria abstrata sobre paradigmas científicos ou filosóficos; ela se reflete na experiência vivida de inúmeras pessoas ao redor do globo. Muitos indivíduos relatam sentir um "despertar" interior, um chamado para uma forma de ser mais autêntica e conectada. Isso pode se manifestar de diversas formas: uma crescente insatisfação com os valores puramente materialistas e competitivos da sociedade; uma busca mais profunda por significado e propósito na vida; uma sensibilidade aguçada para as sincronicidades e os sinais do universo; uma sensação crescente de interconexão com os outros seres humanos, com a natureza e com algo maior que si mesmo; um desejo de viver com mais presença, consciência e compaixão. É como se uma parte de nós, por muito tempo adormecida sob as camadas do condicionamento social e das preocupações do ego, estivesse começando a despertar para nossa verdadeira natureza energética e espiritual.

Os insights que exploramos neste livro, emergindo da confluência entre a física quântica e a sabedoria espiritual, atuam como poderosos catalisadores para esse despertar individual e coletivo. A compreensão de que não somos entidades isoladas, mas sim partes interconectadas de um todo não-local (como sugerido pelo entrelaçamento); a percepção de que a realidade não é fixa, mas participativa, respondendo à nossa observação e intenção; o reconhecimento de que matéria e espírito são aspectos integrados de uma única realidade energética; a possibilidade de que a consciência transcenda o corpo e o tempo – todas essas ideias têm o poder de abalar nossas crenças limitantes e expandir radicalmente nossa percepção de quem somos e do que é possível. Esse conhecimento não é meramente intelectual; ele reverbera em nosso ser, convidando-nos a viver de acordo com essa verdade mais ampla.

Podemos observar sinais desse despertar coletivo se manifestando em diversas tendências sociais e culturais. Há um movimento discernível, ainda que gradual e muitas vezes contestado, de reavaliação de valores: uma busca crescente por bem-estar em vez de apenas riqueza material, por experiências significativas em vez de acumulação de bens, por autenticidade e propósito alinhado à alma em vez de conformidade com expectativas externas. Vemos um florescimento do interesse por práticas de autoconhecimento e desenvolvimento interior, como meditação, mindfulness, yoga, terapias holísticas e diversas formas de espiritualidade não-dogmática, indicando uma fome coletiva por conexão interior e transcendência. Simultaneamente, crescem os movimentos sociais que lutam por paz, justiça social, direitos humanos, sustentabilidade ambiental e proteção animal, refletindo uma expansão do círculo de empatia e uma crescente consciência de nossa responsabilidade compartilhada pelo bem-estar do planeta e de todos os seus habitantes.

Usando a linguagem quântica como metáfora, poderíamos dizer que estamos, coletivamente, começando a "colapsar" uma nova realidade a partir do campo de potencialidades. Pela primeira vez na história humana, um número significativo de indivíduos tem acesso simultâneo tanto à sabedoria acumulada das tradições espirituais ancestrais quanto aos insights revolucionários da ciência moderna. Essa síntese única entre intuição e razão, entre conhecimento interior e exterior, nos capacita a participar dessa transição de forma mais *consciente* do que nunca. Não estamos apenas sendo levados pela corrente da evolução; somos convidados a remar ativamente na direção de um futuro mais desperto.

Essa sensação de estarmos em um ponto de inflexão histórico ressoa com várias narrativas culturais e espirituais de transição. Conceitos da Nova Era falam da passagem da Era de Peixes para a Era de Aquário, simbolizando uma mudança de paradigmas baseados em autoridade e crença para paradigmas de experiência direta, liberdade individual e consciência de grupo. Profecias indígenas de diversas culturas falam de um tempo de grande purificação e transformação na Terra, levando a um novo ciclo de harmonia. O muito debatido final do ciclo longo do calendário Maia em 2012 foi interpretado por muitos não como um fim do mundo literal, mas como um marcador simbólico do fim de uma velha era de consciência e o início de um potencial despertar da humanidade. Independentemente da validade literal dessas narrativas específicas, elas refletem uma intuição coletiva profunda de que estamos vivendo tempos extraordinários de mudança e oportunidade. O foco, no entanto, deve permanecer nas transformações observáveis na consciência e nos valores que estão ocorrendo aqui e agora.

Este Despertar Quântico não é um evento passivo que acontece conosco; ele acontece *através* de nós. Cada indivíduo que desperta para sua verdadeira natureza, que cura suas feridas, que eleva sua vibração e que escolhe viver com mais consciência e amor, contribui para a força e o alcance desse movimento coletivo. Somos todos chamados a participar ativamente:

Cultivando a autoconsciência e a presença através de práticas como meditação e mindfulness.

Incorporando a compaixão, a empatia e o perdão em nossos relacionamentos.

Questionando e transcendendo crenças limitantes e paradigmas obsoletos, tanto em nós mesmos quanto na sociedade.

Escolhendo conscientemente focar em pensamentos, emoções e intenções que ressoem com amor, paz, unidade e compreensão.

Compartilhando conhecimento elevado e insights inspiradores de forma construtiva.

Agindo no mundo de maneiras que promovam a cura, a justiça e a sustentabilidade.

É crucial entender que este despertar não pertence a nenhuma religião específica, a nenhuma nação, a nenhuma ideologia ou mesmo a uma única teoria científica. É um chamado universal à consciência humana para reconhecer sua essência divina e interconectada e para assumir sua responsabilidade como co-criadora da realidade planetária. É um convite para transcender as divisões e os medos que nos mantiveram presos por tanto tempo e para abraçar nossa unidade fundamental.

Vivemos, sem dúvida, em tempos desafiadores, mas também tempos de imenso potencial. O Despertar Quântico é a promessa de que a humanidade pode dar um salto evolutivo, integrando a sabedoria do coração com o conhecimento da mente, a ciência com o espírito. Cada um de nós, ao despertar para nossa natureza como Alma Quântica, torna-se um farol de luz, ajudando a iluminar o caminho para uma nova era de consciência, colaboração e harmonia em nosso precioso planeta. A transformação começa dentro de cada um, mas seu impacto é coletivo e potencialmente ilimitado.

Capítulo 33
Alma Quântica

Chegamos ao final de nossa jornada exploratória, uma viagem que nos levou das partículas subatômicas dançantes às vastidões cósmicas, dos mistérios da consciência às antigas tradições de sabedoria, da física de vanguarda à experiência espiritual profunda. Tecemos juntos os fios da energia fundamental, da natureza participativa da realidade, da interconexão não-local, da evolução da consciência e da busca por propósito. E no centro dessa tapeçaria intrincada, emerge uma imagem luminosa de quem realmente somos: a Alma Quântica. Este termo busca capturar a essência de nossa natureza como seres que são, simultaneamente, parte integrante do universo físico e expressões de uma consciência vasta, criativa e interconectada que permeia toda a existência.

À luz de tudo que exploramos, podemos agora revisitar e sintetizar as características dessa Alma Quântica. Ela não é uma entidade etérea e distante, separada do mundo material, mas sim imanente e ativa dentro dele, embora suas raízes se estendam para além dele. A Alma Quântica é:

Energética e Vibracional: Sua substância fundamental é a mesma energia que compõe todo o universo, vibrando em frequências que abrangem desde a densidade da matéria até a sutileza do pensamento e do espírito.

Consciente e Participativa: Ela é a sede da experiência subjetiva, a luz que percebe, sente e conhece. E mais do que isso, ela participa ativamente na criação da realidade através do ato de observar, intencionar e escolher.

Não-Local e Interconectada: Suas conexões transcendem as limitações do espaço físico. Através de princípios análogos ao entrelaçamento quântico, ela está intrinsecamente ligada a outras consciências e ao campo universal de informação e energia. A separação é uma ilusão superficial.

Potencialmente Atemporal e Multidimensional: Sua existência não está rigidamente confinada ao fluxo linear do tempo ou às três dimensões espaciais que percebemos. Ela pode ter acesso a, ou mesmo habitar, um panorama temporal mais amplo e realidades multidimensionais.

Informacional e Holográfica: Ela carrega e processa informação de maneiras complexas, e talvez, como um holograma, cada alma individual contenha em si mesma um reflexo ou a totalidade da Consciência Cósmica.

Evolutiva e Resiliente: Ela está em uma jornada contínua de aprendizado, crescimento e expansão, potencialmente persistindo para além da morte do corpo físico para continuar sua evolução.

É notável como a própria física quântica, ao revelar a natureza fundamental do universo, parece fornecer o cenário perfeito para a jornada dessa Alma Quântica. Um universo que não é um mecanismo determinista, mas um campo de potencialidades probabilísticas, oferece o espaço para a liberdade de escolha e aprendizado. Um universo que não é feito de objetos isolados, mas de uma teia interconectada e não-local, reflete a verdade da unidade e permite a comunhão profunda. Um universo que responde à observação e participação convida a consciência a assumir seu papel co-criador. A física moderna, longe de banir a alma, parece ter preparado o palco cósmico para sua atuação.

É crucial entender que "Alma Quântica" não é apenas uma etiqueta poética para conceitos espirituais antigos vestidos com uma roupagem científica da moda. É um convite para uma *identidade integrada*. É o reconhecimento de que não precisamos escolher entre ser seres científicos, racionais, aterrados na realidade física, *ou* seres espirituais, intuitivos, conectados a algo maior. Somos *ambos*, simultaneamente. Somos entidades físicas operando dentro das leis do espaço-tempo, com cérebros e corpos que precisam ser cuidados, *e* somos expressões de um campo de consciência não-local, energético e atemporal, com acesso à intuição, à criatividade e à conexão universal. Viver a partir dessa identidade integrada significa honrar todas as dimensões do nosso ser, unindo razão e intuição, ciência e espírito, ação no mundo e conexão interior.

Dessa compreensão nasce um profundo *empoderamento espiritual*. A visão de mundo materialista muitas vezes nos deixa sentindo como engrenagens acidentais em uma máquina cósmica fria e sem sentido, ou como vítimas impotentes de forças externas. A perspectiva da Alma Quântica nos devolve nossa dignidade e nossa agência. Não somos espectadores passivos; somos participantes essenciais, co-criadores conscientes em um universo vivo, inteligente e responsivo. Nossos pensamentos importam, nossas intenções têm poder, nossas escolhas moldam nossa realidade. Reconhecer isso nos liberta do sentimento de impotência e nos inspira a assumir a responsabilidade por nossa própria vida e por nossa contribuição para o mundo.

Celebramos, assim, a grande *reconciliação* entre ciência e espírito que permeou toda a nossa exploração. Vemos agora que quando cientistas como Einstein falavam de um "sentimento religioso cósmico" diante da harmonia e inteligibilidade do universo, ou quando expressavam desconforto com a aparente incompletude da física quântica, eles estavam, talvez, intuindo a necessidade de um quadro maior que incluísse a consciência. E quando místicos de todas as eras descreviam experiências inefáveis de unidade, de luz interior, de conexão com a Fonte divina, eles estavam, talvez, percebendo diretamente a natureza fundamental da realidade que a ciência agora começa a vislumbrar através de suas equações e experimentos. As linguagens eram diferentes, os métodos eram distintos, mas a verdade subjacente para a qual ambos apontavam pode ser a mesma: a profunda unidade entre consciência e cosmos.

Convidamos você, leitor, a permitir que essa visão ressoe em seu ser. Sinta-se não apenas como um corpo que *tem* uma alma, mas como uma Alma Quântica que *habita* e *anima* um corpo. Você é uma expressão única e preciosa da Consciência Universal, uma centelha do fogo cósmico, um ser de luz e informação dançando através do espaço-tempo. Você carrega dentro de si a herança das estrelas e o potencial infinito do campo quântico. Reconhecer isso é despertar para sua verdadeira identidade.

Esse reconhecimento traz consigo um profundo *sentido de propósito*, como vimos: participar na evolução da consciência, aprender, amar, criar. Traz uma inabalável *sensação de conexão*, dissolvendo a ilusão dolorosa da separação e revelando nossa unidade com toda a vida. E traz uma terna *responsabilidade amorosa*: se estamos todos interligados, se somos todos parte do mesmo Todo, então o bem-estar de cada ser é inseparável do nosso próprio bem-estar. Somos chamados a agir no mundo com compaixão, integridade e cuidado, honrando a teia sagrada da existência da qual somos parte.

Este livro termina aqui, mas sua jornada de autodescoberta está apenas começando, ou talvez, continuando com renovado vigor. Que as ideias, perspectivas e práticas aqui compartilhadas sirvam como um mapa e um estímulo para sua própria exploração interior e exterior. Que você continue a questionar, a aprender, a experimentar e a integrar o conhecimento da ciência com a sabedoria do seu coração e a sua intuição. Que você possa viver cada dia com a consciência desperta de sua natureza como Alma Quântica, uma parte essencial e radiante do milagre que é o Universo. Pois, em última análise, a verdade mais profunda que encontramos é talvez a mais simples: consciência e universo são um só. E você *é* essa unidade.

Epílogo

Ao chegar até aqui, não é exagero dizer que algo dentro de você já foi transformado.

Você atravessou uma jornada que não apenas ofereceu respostas, mas reformulou as próprias perguntas. E essa talvez seja a maior das dádivas: perceber que o conhecimento mais profundo não é aquele que encerra, mas o que expande. Não o que define, mas o que liberta.

Você foi conduzido por entre as fronteiras invisíveis que conectam a matéria ao espírito, o átomo à alma, a vibração ao pensamento. E o que antes poderia parecer ficção ou espiritualidade etérea agora encontra eco nas equações da física, nas descobertas da consciência, nas batidas do próprio coração.

Agora você sabe: tudo é energia. Tudo vibra. Tudo está em relação.

E essa energia que movimenta estrelas e galáxias é a mesma que pulsa em você.

A ciência, com suas ferramentas precisas, revelou que a matéria é, em essência, espaço, vibração e campo. A espiritualidade, com sua escuta silenciosa, ensinou que o espírito é presença, consciência e luz. E ao longo desta obra, essas duas perspectivas — tantas vezes tratadas como opostas — foram entrelaçadas em uma dança harmoniosa, mostrando que o que é verdadeiro não se exclui: se complementa, se reconhece, se unifica.

Você agora compreende que não é um espectador do universo, mas parte dele, expressão dele, extensão dele.

Cada pensamento que você emite, cada emoção que você acolhe, cada intenção que você foca — tudo isso vibra, ressoa, transforma. A realidade não é um palco fixo, mas um organismo vivo que responde ao toque sutil da consciência. E isso muda tudo.

Muda a forma como você se relaciona com a vida.

Muda o modo como você observa os acontecimentos.

Muda a maneira como você olha para si mesmo.

Se antes o mundo era percebido como uma sucessão de fatos desconectados, agora você talvez o veja como uma sinfonia energética em constante criação — onde cada ser, cada escolha, cada experiência é uma nota sagrada. Onde você não é apenas um instrumento, mas também o músico. E, quem sabe, até o próprio compositor.

Essa percepção não anula o sofrimento, nem promete um caminho sem desafios. Ao contrário: ela oferece profundidade e propósito a tudo aquilo que antes parecia aleatório ou caótico. Ao entender que consciência e realidade dançam juntas, você descobre que mesmo a dor carrega uma frequência, mesmo o medo possui uma vibração, e que tudo pode ser transmutado quando observado com lucidez e presença.

E aqui está uma das maiores revelações desta jornada:

Você é o observador.

Não um observador passivo, mas um cocriador.

Seu olhar molda. Sua intenção transforma. Sua presença cria.

Essa verdade é libertadora — mas também exigente. Pois ela devolve a você aquilo que por tanto tempo foi projetado para fora: a responsabilidade. A responsabilidade por sua vibração, por seus pensamentos, por sua frequência.

Mas não tema. Essa responsabilidade não é um fardo. É um chamado à soberania interior. Um lembrete de que você não é pequeno, limitado ou fragmentado. Você é campo consciente, potencial em forma humana, energia criativa se experimentando através do tempo e do espaço.

Tudo aquilo que você busca — paz, sentido, conexão, expansão — já reside em você. Não como algo a ser adquirido, mas como algo a ser lembrado, despertado, ativado.

Este livro não termina aqui. Porque a verdadeira jornada apenas começou.

Agora que você conhece a natureza vibracional da realidade...

Agora que você compreende a interconexão entre mente e matéria...

Agora que você pressente o infinito que habita em seu próprio ser...

...o convite está feito.

Leve essa consciência para o cotidiano.

Observe seus pensamentos como quem afina um instrumento sagrado.

Perceba suas emoções como frequências que podem ser moduladas.

Sinta cada instante como uma manifestação energética única.

E quando o mundo lhe parecer denso, frio ou desconectado, lembre-se:

Essa é apenas a superfície.

Abaixo do aparente, pulsa o invisível.

E o invisível é onde a alma respira, onde o espírito se move, onde a realidade começa a ser tecida.

Continue questionando, continue sentindo, continue vibrando.

A "Alma Quântica" que agora você reconhece não é apenas um conceito.

É você.

É tudo.

É o todo em forma de presença.

É o agora impregnado de consciência.

Que esta leitura ecoe em você por muito além das palavras.

Que cada capítulo reverbere como um lembrete silencioso daquilo que já vive em sua essência.

E que, acima de tudo, você nunca mais duvide do seu poder de transformar realidade — começando por dentro.

Porque onde há consciência, há criação.

Onde há vibração, há possibilidade.

E onde há você... o universo responde.

www.ingramcontent.com/pod-product-compliance
Lightning Source LLC
LaVergne TN
LVHW041922070526
838199LV00051BA/2701